Das Buch

In deutschen Chefetagen wimmelt es von miesen Chefs. Doch die Mitarbeiter nehmen die Schwächen ihrer Vorgesetzten nicht etwa aus Angst vor dem Jobverlust ergeben hin. Wer genau hinsieht, der erkennt: Das Personal schlägt zurück!
Still und schnell ist der Guerilakrieg am Arbeitsplatz zum Massenphänomen geworden. Frustrierte Untergebene verpassen schlechten und ungerechten Chefs fein dosierte bis spektakuläre Denkzettel, vom »Verlegen« wichtiger Dokumente bis zur Weiterleitung zartbitterer Geheimnisse an neugierige Medienvertreter, von der Produktsabotage bis zum handfesten Angriff auf Firmeneigentum oder Firmeneigentümer. Während die Wissenschaft gerade erst die soziale und psychologische Dimension von Vergeltung entdeckt, sind Verweigerungstaktiken und Racheaktionen der Mitarbeiter zu einem gigantischen Wirtschaftsproblem geworden. Dafür müssen es nicht unbedingt Betrug oder Sabotage sein: Allein die gut 30 Millionen Mitarbeiter, die sich wegen Dauerfrust in die innere Kündigung verabschieden und nur noch Dienst nach Vorschrift machen, verursachen jährlich Produktivitätsverluste in dreistelliger Milliardenhöhe.
Mit ihrer brisanten Bestandsaufnahme in Sachen Rache im Job belegt Susanne Reinker die unterschätzte Macht der Mitarbeiter und rückt das gefühlte Kräfteverhältnis am Arbeitsplatz zurecht.

Die Autorin

Susanne Reinker arbeitete nach dem Studium für das Goethe-Institut und war Pressesprecherin in der Filmbranche. Seit 2003 schreibt sie Bücher: *Das Job-Lexikon* und *Unkündbar!*, mit dem sie 2005 den Sprung in die Wirtschafts-Bestseller-Listen schaffte, sind voller nützlicher Karrieretipps für Mitarbeiter. Für *Rache am Chef* hat sie die Beziehungen am Arbeitsplatz unter die Lupe genommen und berichtet über Formen und Folgen der kollektiven Unbelehrbarkeit in den Chefetagen.

Von Susanne Reinker ist in unserem Hause bereits erschienen:

Unkündbar!

Susanne Reinker

Rache am Chef

Die unterschätzte Macht der Mitarbeiter

Ullstein

Besuchen Sie uns im Internet:
www.ullstein-taschenbuch.de

Umwelthinweis:
Dieses Buch wurde auf chlor- und säurefreiem Papier gedruckt.

Ungekürzte Ausgabe im Ullstein Taschenbuch
1. Auflage Mai 2008
© Ullstein Buchverlage GmbH, Berlin 2006/Econ Verlag
Umschlaggestaltung: HildenDesign, München
(unter Verwendung einer Vorlage von Etwas Neues entsteht, Berlin)
Satz: LVD GmbH, Berlin
Gesetzt aus der Legacy Serif und Legacy Sans
Druck und Bindearbeiten: CPI - Ebner & Spiegel, Ulm
Printed in Germany
ISBN 978-3-548-37202-0

Für alle wirklich guten Chefs:
diejenigen, für die sich jeder Mitarbeiter
jederzeit ein Bein ausreißen würde.

Inhaltsverzeichnis

Über dieses Buch 11
Masters of Disasters oder: Denn sie wissen nicht, was sie tun · Fairness oder Vergeltung · Für alle Fälle

Teil I

Mitarbeiter und Vorgesetzte: eine kleine Grundlagenkunde

Der Mitarbeiter: Dichtung und Wahrheit 19
Der inkompetente Mitarbeiter · Der überforderte Mitarbeiter · Der faule Mitarbeiter · Der ungebildete Mitarbeiter · Der unmotivierte Mitarbeiter · Der machtlose Mitarbeiter

Der Vorgesetzte in Theorie und Praxis 27
Der Vorgesetzte und sein Führungswissen · Der Vorgesetzte und sein Führungsalltag · Der Vorgesetzte und die Pflege der Mitarbeiter · Der Vorgesetzte als natürliches Führungstalent

Alles Motivation oder was?
Zur Stimmung zwischen Chefs und Mitarbeitern 34
Der Chef als Motivationsexperte · »Dafür werden Sie schließlich bezahlt!« · Hier lobt sich der Chef noch selbst! · Wie sieht's mit Ihrer Demotivationsfähigkeit aus?

Teil II

Masters of Disasters:
Wie Chefs die Leistungslust erwürgen

Desaster Nr. 1: Chefs und Arbeitsorganisation 43
Zeitmanagement ist nur ein Wort · Es geht nichts über unklare Kompetenzen · »Dann mach' ich es lieber gleich selbst!« · Alles unter Kontrolle?

Desaster Nr. 2: Chefs und Kommunikation 52
»Dafür hab' ich meine Sherpas« · Missverständnisse und wie man sie geschickt verursacht · Informationsmanagement zwischen *must* und Märchen · Der Chef als Zuhörer · »Wer diskutiert hier, Sie oder ich?«

Desaster Nr. 3: Chefs und Fehler 60
Der Chef tobt oder: Wie aus einem Problem ein Totalschaden wird · Der Chef als Chefankläger · Kritik von oben – ein Katastrophenfilm · »Sorry seems to be the hardest word«

Desaster Nr. 4: Chefs und Gefühle 67
Was die Chefstimmung mit Grippebazillen gemein hat · Freundlichkeit und andere Vorgesetztentugenden · »Du kannst mich ruhig duzen« · Kastengeist, made in Germany · Kleine Versehen und wie sie entstehen

Desaster Nr. 5: Chefs und Integrität 74
Der Vorgesetzte als Vorbild · Lach- und Sachgeschichten über Vorgesetzte und Visionen · Edel sei der Chef, hilfreich und gut · Misstrauensbildende Maßnahmen · Vorsicht: Explosiv!

Teil III

Altes Testament, Business Version: Auge um Auge am Arbeitsplatz

Das Massenphänomen innere Kündigung oder: Der stille Boykott 87

Der lange Weg zum Rosenkrieg · Verrat am Vertrag · Mitarbeiter im Energiesparmodus · »Bringt doch eh' alles nix!« · Unterlassen, stehen lassen, liegen lassen · Von der Topkraft zum Tarnkappenträger · Subversive Bestseller oder: Anleitungen für den bezahlten Rückzug · GAU fürs Geschäft: Wenn Chefs heimlich Abschied nehmen · Innere Kündigung, gefühlt und gemessen · Vom Einzelfall zur Wirtschaftskatastrophe · Das Sein bestimmt das Kranksein · Jede Menge Kohle und keiner guckt hin · Massenkündigungen als Brandbeschleuniger

Zur Rache, Schätzchen! Von der inneren Kündigung zum kalten Krieg 110

»Rache · niemals!« Aber vielleicht ein kleiner Denkzettel? · Rache ist tatsächlich süß · Wer Unrecht sät, wird Vergeltung ernten: Untersuchungen über Rache am Arbeitsplatz · »Dem werd' ich's heimzahlen!« · Wenn der Chef seine Leute zur Weißglut bringt - ... und zum Abschied ein kleines Geschenk · Legal, illegal, eh' egal · Der Preis der Rache oder: Die Rechnung, bitte! · Haben Sie sich schon mal an Ihrem Chef gerächt? · Die Job-Guerilla oder: Die unterschätzte Gefahr · Schüsse aus dem Vorzimmer · Mit der Anti-Bully-Beratung gegen den Boss · Steter Tropfen höhlt den Chef · Mobbing von unten · Klatsch & Tratsch: Der Fluch der Macht · Wenn Mitarbeiter Memoiren schreiben · Reality Show rund um den Chef · Im Schattenreich der diskreten Hinweise · Wie »Interna« in die Schlagzeilen kommen · Achtung, Aufnahme! Der Chef in Bild und Ton · Diebstahl & Co.: Unterwegs in der Grauzone zwischen Straftat und Selbstjustiz · Gewinnmitnahmen nach Art der Mitarbeiter · Mutmaßungen über Tatmotive · Das offizielle Gehalt und die »tatsächliche Gesamtvergütung«

Expedition zur Spitze des Eisbergs:
Sabotage, »Scherzartikel«, Schmerzgrenzen 158
Sabotage, Gesundheit & Gemüt · Beugehaft in der Warteschleife und andere Klassiker der Kundensabotage · Käfer in artfremder Umgebung oder: Sabotage am Produkt · Rache per Mausklick · Aus Frust die Festplatte gelöscht · Vom Hobby-Hacker zum E-Mail-Bomber · Die Macht des world wide web · Mitarbeiter-Blogs als Meinungsmacher · »Scherzartikel« für den Chef · Anregungen aus dem Netz · Ausweitung der Kampfzone

Anstelle eines Nachworts
Momentaufnahmen aus der Wagenburg oder:
Aufrüstung statt Selbsterkenntnis 185
Die Katastrophen-Manager: Augen zu und durch · Das große Geschäft mit den Folgen vom Frust

Danksagung 191
Anmerkungen 193
Literaturverzeichnis 200

Über dieses Buch

Beim kleinen Tratsch unter ihresgleichen sind Vorgesetzte sich in der Regel schnell einig: Von ein paar löblichen Ausnahmen abgesehen sind ihre Mitarbeiter allesamt unmotiviert oder faul oder unfähig oder alles zusammen. Und zu teuer sind sie sowieso. Aus ihrer Sicht spricht also wenig dagegen, im Bedarfsfall jede Menge von ihnen auf die Straße zu setzen. Das restliche Personal wird sich aus Angst vor dem gleichen Schicksal ordentlich abstrampeln und es im Übrigen garantiert nicht wagen, die kleinen Schwächen seiner »Führungskräfte« zur Sprache zu bringen. Mit Gegenwehr von unten gegen schlechte Chefs, rationalisierungswütige Aufsichtsräte und gierige Aktionäre ist daher nicht zu rechnen.

So oder ähnlich scheinen die Regenten in den Topetagen zu denken – anders ist die Seelenruhe kaum zu erklären, mit der seit einiger Zeit quer durch Deutschland Arbeitsbedingungen verschärft, Tarifverträge unterlaufen und Stellen gleich in Tausenderpacks gestrichen werden. Das alles natürlich nur, »um langfristig Arbeitsplätze zu sichern«, »um den Spielregeln der Globalisierung gerecht zu werden« und »zur Optimierung von Betriebsergebnissen« – als läge es einzig und allein an einem Haufen zu teurer, zu leistungsschwacher Untergebener, wenn die Unternehmen nicht genug *performance* bringen. Die Untergebenen ihrerseits gucken – Betriebsrat hin, Gewerkschaften her – weitgehend wehrlos zu, wie Massenkündigungen und Produktionsverlagerungen an das billige Ende der Welt sie langsam, aber sicher überflüssig machen.

So weit die herrschende Meinung zum Thema »Macht und Ohnmacht im Betrieb«. Aber Totgesagte haben schon immer länger gelebt, und wer zuletzt lacht, lacht auch immer noch am besten. Am Arbeitsplatz hat nun mal auch der Mitarbeiter eine Portion Macht, und viele Portionen Macht können, frei nach David gegen Goliath, auf die Dauer nicht nur einzelne Vorgesetzte, sondern sogar ganze Unternehmen ins Wanken bringen.

Masters of Disasters oder: Denn sie wissen nicht, was sie tun

Dass seine Untergebenen unter der Decke braver Pflichterfüllung möglicherweise längst zu Guerilleros im Kampf gegen die täglichen Zumutungen von oben geworden sind, kriegt Goliath, sprich: der ganz normale Katastrophenchef, allerdings nicht mit. Oder erst dann, wenn er anfängt, sich über gehäuftes Missgeschick in seiner Abteilung zu wundern. Bis dahin jedoch macht er, was alle Katastrophenchefs machen – er unterschätzt sein »Fußvolk«, und er überschätzt sich selbst.

Das sagen übrigens nicht nur genervte Mitarbeiter, sondern auch topseriöse Studien: Es ist quasi amtlich, dass ausgerechnet die Führungsschwächen der Führungskräfte für mangelnde Produktivität und Mitarbeitermotivation verantwortlich sind. Kostenpunkt der kleinen Schwächen: allein in Deutschland jährlich ein Wirtschaftsschaden in Milliardenhöhe. Und darin sind die großzügigen Pensionen und *golden hand shakes* für Manager, die nach folgenschweren Fehlentscheidungen, spektakulären Fusionen oder Übernahmen ihr Personal zum Arbeitsamt und sich selbst in den vorgezogenen Ruhestand schicken, noch nicht eingerechnet.

Wie es zu dem Milliardenschaden kommt, das wird erst dann erkennbar, wenn man ihn bis an seinen Ursprung zurückverfolgt, ihn aufdröselt bis hin zu den vielen täglichen Patzern, Fehlern, Peinlichkeiten der Vorgesetzten im Umgang mit ihren Mitarbeitern. Genau das tut »Rache am Chef« in den Teilen I und II – satirisch aufbereitet, weil die Befunde sonst einfach zum Heulen wären. Teil I erklärt die populärsten Irrtümer zum Thema »Chefs und ihre Mitarbeiter« und vermittelt so das Basiswissen für alle weiteren Ausführungen. Teil II beleuchtet die fünf Hauptproblemzonen schlechter Vorgesetzter. Vorläufiges Endergebnis: Vielleicht können Chefs sogar tatsächlich Kosten-Nutzen-Rechnungen erstellen, strategische Leitlinien entwickeln und Business-Englisch sprechen. Doch im täglichen Umgang mit ihrem Personal erweisen sie sich regelmäßig als *Masters of Disasters,* die mit Arbeitsorganisation und Kommunikation genauso überfordert sind wie mit Fehlermanagement und Integrität. Personalführung als Trauerspiel.

Teil III des Buches zeigt: Die Mitarbeiter nehmen die Schwächen und Schikanen ihrer *Masters* nicht etwa ergeben hin. Sondern sie nehmen Rache. Schritt für Schritt führt der Weg vom alltäglichen Arbeitsfrust über den passiven Widerstand zum aktiven Guerillakrieg. Zielscheiben gibt es reichlich, von der Chef-Reputation bis zur Firmentechnologie, und wer trotzdem keine zündende Idee hat, kann sich im Internet genug Anregungen holen, um dem »Feind« auf jede vor- und unvorstellbare Weise die Hölle heißzumachen.

Fairness oder Vergeltung

Obendrein ist beim Verteilen von Denkzetteln entgegen anders lautenden Gerüchten offenbar kein schlechtes Gewissen mehr erforderlich; schließlich stellt sich gerade heraus, dass Rache nicht nur süß ist, sondern sogar nützlich. Was drangsalierte Untergebene zähneknirschend schwören, wird allmählich hochoffiziell von der Wissenschaft bestätigt: Ungerechte Chefs müssen damit rechnen, dass ihre Mitarbeiter es ihnen heimzahlen.

Und zwar erstens, um mit einem herzlichen »Jetzt sind wir quitt!« einen wohltuenden Ausgleich für erlittene Schikanen zu erzielen. Und zweitens, weil Vergeltung offenbar schon immer der Erziehung zu mehr Fairness diente. Dieses »Erziehungsrezept« wird von einschlägig betroffenen Untergebenen außerordentlich kreativ eingesetzt: Die Bestandsaufnahme gängiger Vergeltungsmaßnahmen, von Gerüchten und Enthüllungsaktionen über »verdeckte Gewinnmitnahmen« und Kunden-, Produkt- und Computersabotage bis hin zum chefnahen Einsatz von Körperflüssigkeiten, verdeutlicht, wie verwundbar Chefs und Unternehmen heutzutage sind. Ein Alptraum, dazu angetan, ganze Vorgesetztenriegen das Fürchten zu lehren.

Das Gute daran: Befürchtungen steigern die Erkenntnisfähigkeit. Und so erreicht »Rache am Chef« womöglich sein kühnstes Ziel – Weiterbildung für die *Masters of Disasters*. Denn dieses Buch befasst sich unterm Strich keineswegs einseitig mit den Ursachen und Folgen des täglichen Mitarbeiterfrusts. Sondern es erklärt den Vorgesetzten in einem Atemzug haarklein und fürsorglich, was sie alles falsch machen und womit sie ihre Mitarbeiter täglich auf die Palme bringen. Die frühzeitige Lektüre könnte ihnen also eine Menge Ärger ersparen; es ist immerhin eine ganze Ecke angenehmer, über potenzielle Denkzettel frustrierter Mitarbeiter zu lesen und noch rechtzeitig etwas dazuzulernen, als sie *live* und leibhaftig verpasst zu bekommen.

Wer nicht auf diesen weisen Gedanken kommt, findet »Rache am Chef« vielleicht eines Tages auf seinem Schreibtisch, als kleine Aufmerksamkeit einer anonymen Interessengemeinschaft wohlmeinender Untergebener. Denn die können ihre *Masters* auf diese Weise ungemein bequem auf den Weg von der Selbsterkenntnis zur Besserung bringen. Völlig gewaltfrei und ohne jede noch so kleine Vergeltungsaktion – einzig und allein durch den diskreten Hinweis auf die unterschätzte Macht der Mitarbeiter.

Für alle Fälle

Die *Masters of Disasters* in diesem Buch vereinen auf idealtypische Weise die Gesamtheit aller denkwürdigen Eigenschaften, die in der Geschäftswelt in den verschiedensten Kombinationen, Ausprägungen, Formen und Farben zu beobachten sind. Es ist zwar schon aufgrund der zahllosen Vergleichsmöglichkeiten mit der Wirklichkeit nicht auszuschließen, dass einzelne Schilderungen dem einen oder anderen Leser merkwürdig vertraut vorkommen; trotzdem ist jede Ähnlichkeit mit real existierenden Katastrophenchefs selbstverständlich unbeabsichtigt und daher reiner Zufall.

***

Es gehört zu den beliebtesten Methoden, sich jede Auseinandersetzung mit dem Inhalt zu ersparen, indem man lautstark über die Form lamentiert. Daher folgt an dieser Stelle ein kleiner Hinweis für alle Leser, die nach (oder schon vor) der Lektüre dieses Buches Zeter und Mordio schreien, weil sie »Anstiftung zur Rache« wittern: Nein, es handelt sich *nicht* um ein Racherezeptbuch. Sondern um eine aktuelle Bestandsaufnahme frei zugänglicher Informationen zu einem gesellschaftlichen Phänomen von wachsender Bedeutung. Das Buch führt allen Beteiligten die Macht der Mitarbeiter vor Augen. Um die eigene Macht zu wissen heißt nicht automatisch, diese Macht auch zu nutzen – aber das gefühlte Kräfteverhältnis ändert sich. Und hält Vorgesetzte, die von *ihrer* Macht immer wieder gerne Gebrauch machen, möglicherweise von Machtmissbrauch ab. Schließlich gehört es zu den Erkenntnissen der Rachetheoretiker, dass zu erwartende Gegenwehr potenzielle Angreifer abschreckt. Genau das ist die Absicht von »Rache am Chef«: Vorbeugung statt Vergeltung.

Susanne Reinker, Januar 2007

Kontakt zur Autorin:
www.susanne-reinker.de
oder
Susanne Reinker
c/o Econ Verlag
Friedrichstr. 126
10117 Berlin

Teil I

Mitarbeiter und Vorgesetzte: eine kleine Grundlagenkunde

»Fähige Mitarbeiter brauchen fähige Vorgesetzte.«[1]
MARKUS VORBECK, KARRIEREBERATER

Der Mitarbeiter:
Dichtung und Wahrheit

Wenn Chefs anfangen, einander ihr Leid über ihren harten Job zu klagen, dann gibt es garantiert drei Lieblingsthemen: den Stress, die Last der Verantwortung – und die Macken der Mitarbeiter. Klar findet in diesem Zusammenhang auch immer mal wieder die eine oder andere »Perle« oder »Spitzenkraft« lobende Erwähnung – aber das Thema wird eindeutig von Schauergestalten bestimmt. Zur Beweisführung werden gerne kleine Schreckgeschichten von Untergebenen erzählt, die während der Arbeitszeit seelenruhig ihren Börsengeschäften nachgehen, durch Dummheit, Muffeligkeit oder Nasebohren Großkunden vergraulen und sich den Acht-Stunden-Tag durch ausgedehnte Surfausflüge zu Pornoseiten und Internetkaufhäusern so angenehm wie möglich gestalten.

Nun hieven Führungskräfte in den seltensten Fällen lustlose, überforderte und inkompetente Mitarbeiter von der Probezeit in die Festanstellung. Es spricht also viel für die Vermutung, dass die dumpfen Brüter, die den Chefs zufolge die Arbeitsplätze bevölkern, zu Beginn ihrer Laufbahn im Unternehmen hübsch fleißig waren.

Der inkompetente Mitarbeiter

»Inkompetent«, »unfähig« oder kurz und bündig »blöd« – das sind Etiketten, die Chefs gerne verteilen, sobald ein Mitarbeiter einen Arbeitsauftrag missversteht, zu langsam, unvollständig oder falsch erledigt. Die Sachlage ist schließlich eindeutig: Hier hat einer nicht getan, was er tun sollte. Er verdient es daher, ordentlich abgebürstet, von messerscharfem Zynismus durchbohrt (»Aha. Das sagt Ihnen also Ihr gesunder Menschenverstand«) oder zumindest stillschweigend in die große Trottel-Schublade gesteckt zu werden. Diese schnellen Schlussfolgerungen sind allerdings nicht immer die schlauesten. Sinnvoller ist die Frage, *warum* ein Mitarbeiter eigentlich nicht die Leistung bringt, die sein Chef von ihm erwartet.

Simpelste Antwort: Dessen Erwartungen sind einfach zu hoch. Chefs sind nun mal Chefs, weil sie, theoretisch jedenfalls, einfach besser sind als ihre Mitarbeiter. Wenn die so perfekt wären, wie mancher Vorgesetzte es fordert, hätten sie sich längst einen besseren Job gesucht.

Anderseits sind die Mitarbeiter in den seltensten Fällen schlicht und einfach unfähig, sonst hätten sie noch nicht mal die erste Bewerbungsrunde überstanden. Wenn sie zu viele Fehler machen, dann auch deshalb, weil ihnen keiner gesagt hat, was sie eigentlich tun sollen, warum sie es tun sollen und wie sie es tun sollen. Alles Dinge, die eigentlich niemand anderes als der Chef geduldig, genau und rückfragefreundlich erklären müsste. Für lästige Erklärungen hat allerdings ausgerechnet er leider meistens keine Zeit.

Der überforderte Mitarbeiter

Natürlich gibt es Menschen, die mit ihrem Job nicht fertig werden. Was übrigens nicht nur für Mitarbeiter gilt, sondern genauso für Vorgesetzte. Es gibt jedoch auch Chefs, die gezielt Herrschaftswissen horten und das mit einem väterlich-jovialen »Ich will Sie doch nicht überfordern!« erklären. Solche Typen delegieren nur im äußersten Notfall etwas anderes als Kopierarbeiten und sehen die Förderung ihrer Mitarbeiter als geradezu gemeingefährlich an – wer will sich schon unerwünschte Konkurrenz heranzüchten?

Besonders konsequente Chefs stellen deshalb bewusst Mitarbeiter ein, die in ihrem neuen Job garantiert überfordert sein werden. Dieses Führungsmodell ist zwar nicht sehr verbreitet, weil es den Nachteil hat, relativ viel Arbeit mit sich zu bringen: Wenn der Mitarbeiter schwächelt, muss der Chef schließlich immer wieder selber ran. Doch genau darum geht es ihm, beweist er damit doch demonstrativ sein herausragendes Verantwortungsbewusstsein. Und wenn er nur genug dafür tut, dass sich seine Heldendaten auch herumsprechen, besorgt er sich damit das Rampenlicht, in dem seine Kenntnis und sein Können umso heller erstrahlen.

Das tut gut, jedenfalls der eigenen Eitelkeit. Die Mitarbeiter solcher Vorgesetzter hingegen machen es sich in der Situation nicht etwa bequem nach dem Motto: »Alles, was der Chef tut, muss ich nicht machen.« Auf Dauer schlägt Unterforderung nämlich genau wie Überforderung massiv aufs Gemüt. Was sich nicht nur an der dicken Luft in vielen Unternehmen, sondern vor allem an der steigenden Anzahl psychischer Erkrankungen von Mitarbeitern ablesen lässt. So ergab eine Analyse der DAK, dass die »Arbeitsunfähigkeitstage« ihrer Mitglieder aufgrund psychischer Erkrankungen zwischen 1997 und 2004 um sage und schreibe 69 Prozent gestiegen sind.[2] Anders ausgedrückt: Frust statt Frohsinn, so weit das Auge reicht. Die Kosten trägt die Krankenkasse.

Der faule Mitarbeiter

Das Thema »Inkompetenz und Überforderung von Mitarbeitern« lässt sich mit dem Hinweis abhaken, dass es Untergebenen in der Regel eher an Leistungs*gelegenheit* mangelt als an Leistungsbereitschaft. Und auch das Bild vom

»faulen Mitarbeiter«, der freiwillig nichts macht außer Bleistiftkauen und privat telefonieren, wenn er nicht pausenlos angetrieben und kontrolliert wird, gehört nachweislich in den Managermüll. Inzwischen weiß man nämlich, dass Nichtstun nicht glücklich macht, im Gegenteil.[3] Tatsächlich sind Freude und Befriedigung auf konzentrierte Beschäftigung zurückzuführen, die das Gehirn optimal auslastet. Und das ist entgegen anders lautenden Vorstellungen nicht etwa nur bei Sport und Spiel am Wochenende und im Urlaub möglich, sondern auch während der Arbeitszeit.

Der Entdecker dieses Phänomens, Mihaly Csikszentmihalyi, hat es »Flow« genannt. Bei Führungskräften, die stolz auf ihre brillante Bildung sind, ist *Flow* als Quelle großer Glücksmomente bestens bekannt. Da stellt sich die Frage, warum so mancher Vorgesetzte privat hingebungsvoll vom *Flow* beim Bergsteigen im Himalaja erzählen kann, aber nicht auf den Gedanken kommt, dieses Motivationsrezept auch mal bei seinen Mitarbeitern auszuprobieren. Zum Beispiel, indem er ihnen ausnahmsweise von Zeit zu Zeit einen anspruchsvollen Job abgibt und chefratgebergetreu auf permanentes Reinreden, Gängeln und Kontrollieren verzichtet.

Der ungebildete Mitarbeiter

Gerne jammern ältere Vorgesetzte über den »sinkenden Grad an Allgemeinbildung«, wenn ein jüngerer Mitarbeiter Kopenhagen zur Hauptstadt von Schweden macht, bei der Prozentrechnung passen muss oder die Marseillaise für ein französisches Fischgericht hält. So ganz unberechtigt ist das Jammern nicht; schließlich gibt es da die diversen PISA-Ergebnisse. Es gibt die Meldung, dass im Jahr 2004 über 400 000 Schulabgänger eine Zwischenschulung der Arbeitsagentur benötigten, um überhaupt »ausbildungsfähig«

zu werden.⁴ Und es gibt Medienumfragen zum Verständnis von Fremdwörtern, zur Kenntnis geschichtsträchtiger Daten und zum Bekanntheitsgrad von Politikernamen, die bei vielen Befragten Wissenslücken von der Größe des Grand Canyon aufdecken.

Andererseits wird das wertvolle Wissen schon längst nicht mehr nur von Schulen und Universitäten ausgeteilt, sondern zunehmend auch von Zeitungen und Zeitschriften, Radio, Fernsehen und Internet. Wir leben schließlich in der berühmten Informationsgesellschaft, und in der kann sich jeder genau die Informationen besorgen, die ihm persönlich wichtig scheinen oder die er zur Bewältigung einer Aufgabe benötigt. Das Angebot liefert garantiert auf jede noch so exotische Frage eine Antwort; wer lange genug sucht, der findet.

Auf die Situation am Arbeitsplatz bezogen heißt das: Jeder Mitarbeiter kann sich per Mausklick über seine Rechte als Arbeitnehmer informieren oder in einschlägigen Chatforen nach Rat und Hilfe gegen Chefschikanen suchen. Er kann dank aufschlussreicher Psychotests in Zeitschriften und Büchern den Charakter seines Vorgesetzten analysieren: »Kann Ratschläge annehmen«; »Zeigt Dank für gute Leistungen«; »Hat, zeigt und verbreitet Lebensfreude«⁵ – die Bewertung erfolgt über eine Notenskala von sehr gut bis ungenügend.

Und obendrein kann der interessierte Mitarbeiter sich, den nötigen Ehrgeiz vorausgesetzt, jede Menge Wissen aneignen, das früher als »Chefsache« galt und als Herrschaftswissen gehortet wurde – um seinen Vorgesetzen sodann in aller Ruhe auch fachlich auf den Prüfstand zu stellen.

Das Internet nicht nur als plattes Mitarbeitervergnügen zum Verdruss der Vorgesetzten, sondern als gigantische, allumfassende Informations- und Inspirationsquelle – diese Entwicklung haben viele Chefs noch gar nicht richtig mitbekommen. Sie gehen immer noch davon aus, dass sie in ihrer Position in jeder Hinsicht unantastbar sind. Und dass ihre kleinen fachlichen wie menschlichen Schwächen ihre

Mitarbeiter erstens rein gar nichts angehen und zweitens im Job sowieso völlig hinter einer Aureole von Autorität verschwinden. Dabei sehen die Untergebenen ihre Vorgesetzten aufgrund ihrer täglichen Feldforschung in punkto Chefpsyche und Chefkompetenz schon lange nicht mehr brav als Respektspersonen an, sondern als ganz normale Menschen, deren einziges Anderssein darin besteht, dass sie es zum Chef gebracht haben. Auf welchen Wegen auch immer.

Der unmotivierte Mitarbeiter

Es ist schon ein Kreuz mit der Bildung: Da jammern die Chefs, dass ihre Mitarbeiter zu wenig davon haben – wenn aber ein Mitarbeiter mitdenkt und Anzeichen von Eigeninitiative zeigt, anstatt brav und schweigsam seine Arbeit zu tun, ist es ihnen auch wieder nicht recht. Besonders dann nicht, wenn es sich um »kleine und mittlere« Arbeitsplätze wie Assistenten- und Sachbearbeiterjobs handelt, denn da gehören Leute hin, die gefälligst einfach das tun sollen, was ihnen gesagt wird. Doch aufgrund der Situation am Arbeitsmarkt sitzen auf solchen Stellen immer öfter hoch-, um nicht zu sagen überqualifizierte Mitarbeiter. Sie können eine ganze Menge mehr, als zur Erfüllung der Jobanforderungen notwendig ist. Und sie gehen erst mal automatisch davon aus, dass sie ihre Talente und Ideen doch ganz prima auch in einfache Jobs einbringen können. Wenn sie jedoch merken, dass ihre Leistungsbereitschaft auf solchen Posten unerwünscht ist, schwenken gerade solche Leute frustriert um: Künftig stellen sie ihre Talente bevorzugt in den Dienst einer guten Tarnung für die möglichst stressfreie Erledigung eines »Brotjobs«, der auf keinen Fall mehr Einsatz verdient, als in der Arbeitsplatzbeschreibung gefordert.

Genauso schnell, wenn nicht noch schneller, kann die berühmte *Job Identification* Mitarbeiter verlassen, die für interessante bis wichtige Jobs eingestellt wurden. Vor allem, wenn sie jung und gut ausgebildet sind. Wissenschaftler und Buchautoren sprechen von »Mitarbeitern, Generation X«[6] und stellen mit einer gewissen Bewunderung fest, dass diese Mitarbeiter Eigenschaften haben, die Katastrophenchefs früher oder später das Fürchten lehren werden: Hierarchien, Formalitäten und Statussymbole sind ihnen weitgehend wurscht, und was ihre Vorgesetzten so von sich geben, halten sie auch nicht mehr automatisch für der Weisheit letzten Schluss.

Sie sind schnell und leistungsbereit, kritisch und anspruchsvoll. Wer die Talente dieser Truppe gewinnbringend einsetzen will, muss ihr etwas bieten. Und wer das nicht tut, kann schon mal anfangen, sich neue Topkräfte zu suchen. Denn zu den Merkmalen der »X-er« gehört auch, dass viele von ihnen in Patchwork-Familien aufgewachsen oder Scheidungskinder sind. Sie sind, so eine gängige Theorie, daran gewöhnt, dass Beziehungen irgendwann im Eimer enden. Also sehen sie nicht die geringste Notwendigkeit, sich aus Loyalität oder sonstigen edlen Motiven länger an einen Arbeitgeber zu binden, als unter dem Aspekt der reinen Nützlichkeit vertretbar ist.[7]

Der machtlose Mitarbeiter

Im Gegensatz zu all den anderen schönen Etiketten von »faul« bis »inkompetent«, die in Gesprächen über Untergebene ausgesprochen häufig Verwendung finden, wird nie vom »machtlosen Mitarbeiter« geredet – obwohl er die Vorstellung der Topmanager von ihrem Fußvolk zu bestimmen scheint wie kein zweiter. Anders jedenfalls ist die Seelenruhe nicht zu erklären, mit der quer durch alle Branchen Mehrarbeit und Lohnverzicht verordnet, Arbeitsbedingungen verschärft und Tarifverträge unterlaufen werden. In großem Stil werden Arbeitsplätze gestrichen, um »den Spielregeln der Globalisierung gerecht zu werden« oder, anders ausgedrückt: um gierige Aktionäre zu befriedigen und mit satten Unternehmensgewinnen die eigene Karriere voranzutreiben.

Die Gelegenheit ist günstig: Die Zeiten am Arbeitsmarkt sind hart, und die Öffentlichkeit reagiert betroffen, aber tatenlos. Die Unternehmen bauen darauf, dass die Leute Angst um ihre Jobs haben und sich deshalb nicht wehren werden. Schließlich gehen die Mitgliedszahlen und der Einfluss der Gewerkschaften trotz des einen oder anderen medienwirksamen Streiks seit Jahren zurück; mit der Wucht französischer Generalstreiks, die in kürzester Zeit Gesetze knicken und Premierminister an den Rand des Abgrunds bringen können, sind die öffentlichen Arbeitnehmeraktionen in Deutschland kaum vergleichbar. Und auch das Interesse am Betriebsrat hält sich in Grenzen – wenn es nicht von einschlägig berüchtigten Arbeitgebern von vornherein so weit wie möglich verhindert wird.

Es herrscht also Ruhe im Land. Jedenfalls auf den ersten Blick. Doch wer genau hinschaut, der entdeckt, dass die Mitarbeiter unfähige Chefs, schlechte Arbeitsbedingungen und mangelnde Jobsicherheit nicht ergeben hinnehmen. Nur ihre Protestmethoden haben sich geändert. Wo es früher offen und solidarisch auf die Barrikaden ging, setzen sich heute frustrierte Untergebene bevorzugt individuell zur Wehr: durch innere Kündigung, stillen Boykott und sanfte Sabotage. Guerillakrieg statt Klassenkampf.

Wer unter einem schlechten Chef leidet, macht ihn durch kleine oder auch größere Vergeltungsaktionen wahrscheinlich nicht besser. Wer fürchten muss, seinen Job zu verlieren, kann ihn dadurch nicht retten. Wer ihn schon verloren hat, bekommt ihn dadurch bestimmt nicht wieder. Doch aktuelle neurologische und psychologische Untersuchungen belegen, dass schikanierte Mitarbeiter durch persönliche Racheaktionen zumindest eine ziemlich befreiende Weile lang die Opferrolle abschütteln können, siehe Teil III. Sie beweisen sich selbst und anderen, dass sie nicht so macht- und wehrlos sind, wie ihre Arbeitgeber glauben. Und die Rolle des David, der Goliath kräftig vors Schienbein tritt, ist ungeheuer gut für ein Selbstbewusstsein, das bei vielen Arbeitnehmern derzeit umständehalber eher schwach ausgeprägt ist.

Der Vorgesetzte in Theorie und Praxis

In der Führungstheorie ist der Vorgesetzte Sinn- und Impulsgeber für sein Team: Je besser der Chef, desto größer die Motivation seiner Leute, desto höher die Arbeitsqualität, desto zufriedener seine eigenen Chefs, desto glänzender seine Karriereaussichten.

In der Führungspraxis funktioniert das ganze Programm allerdings auch andersherum ganz großartig. Denn Chefs, die sich die Sympathien ihrer Mitarbeiter verscherzen, bekommen für ihre Schwächen im Fach Menschenfreundlichkeit früher oder später die Quittung. Arroganz, Eitelkeit, mangelnde Beherrschung, nicht vorhandener Gerechtigkeitssinn und andere liebenswerte Vorgesetzteneigenschaften tragen nämlich nicht unbedingt dazu bei, die allgemeine Motivation zu heben. Die Untergebenen machen zwar auch unter diesen widrigen Umständen noch brav ihren Job – aber sie werden sich für solche Führungskräfte kaum ein Bein ausreißen. Im Mittelpunkt ihrer Bemühungen steht eher die Frage, wie man sich mit einem Minimum an Stress ein Maximum an Jobsicherheit erhalten und ganz nebenbei dem Chef bei Gelegenheit noch eins auswischen kann.

Der Vorgesetzte und sein Führungswissen

Gott sei Dank ist für Vorgesetzte guter Rat in Sachen Mitarbeiterführung weder weit noch teuer. Unter den Stichwörtern »Personalmanagement«, »Mitarbeiter« und »Motivation« sind weit über 1000 Titel im Buchhandel erhältlich. Für jeden Geschmack, jede Vorbildung, jedes Lesealter und jedes Sternzeichen gibt es garantiert das passende Buch. Alles, was Chefs und Chefinnen wissen sollten, um mit Hilfe glücklicher, erfüllter, topmotivierter Mitarbeiter zielsicher die eigene Karriere voranzutreiben, wird geduldig, pädagogisch wertvoll und in kleinen verdaulichen Lerneinheiten erklärt, begründet, theoretisch unterfüttert und mit vielen schönen Fallbeispielen verziert.

Doch selbst wer sich nach reiflicher Überlegung entschließt, ein paar Euro in Fortbildungslektüre zu investieren oder sogar ein Seminar zum Thema zu besuchen, wird dadurch nicht unbedingt ein besserer Chef. Zwar lernt er häufig ein paar kluge Sprüche über Personalführung – das kommt beim eigenen Vorgesetzten schließlich immer gut an. Der Durchschnittsvorgesetzte jedoch denkt nicht im Traum daran, die schönen Theorien in die Tat umzusetzen: »Obwohl das Wissen um den starken Einfluss des Führungsstils auf die Arbeitsleistung des Mitarbeiters vorhanden ist, werden selbst Grundregeln in der Praxis noch immer viel zu häufig missachtet.«[8]

Dieses Phänomen ist so flächendeckend verbreitet und vertraut, dass sich daraus sogar eine außerordentlich erfolgreiche Fernsehserie rund um den Führungsalltag eines typischen Vorgesetzten stricken ließ: »Stromberg«.[9] Der gleichnamige Ressortleiter einer Versicherung glänzt durch gepflegtes Machotum, gesunde Eitelkeit und das Einfühlungsvermögen eines Schaufelbaggers. Die Rolle der aufgeklärten Führungskraft beherrscht er aus dem Effeff. Seine Mitarbeiter haut er trotzdem in die Pfanne, sobald es seiner

Karriere dienlich ist. In solchen Fällen begründet er sein Tun – man weiß schließlich, was sich dem Personal gegenüber gehört – gerne mit Belehrungen wie: »Ich bin bestimmt toleranter als die meisten hier in Führungspositionen. Aber auch mein Fass hat Grenzen.« Im Übrigen stößt seine Fachkompetenz bereits bei der Bedienung der Telefonanlage an ihre Grenzen. Kurzum: »Stromberg ist ein Vorgesetzter, den man selbst seinem ärgsten Feind nicht an den Hals wünscht«.[10]

Der Vorgesetzte als Witzfigur – eine Rolle, die vielen Katastrophenchefs wie auf den Leib geschrieben ist. Kein Wunder, dass das Sendekonzept nicht nur Zuschauer und DVD-Käufer begeisterte, sondern sogar höchste Expertenkreise: Anfang 2006 wurde die Serie mit der wichtigsten Auszeichnung der deutschen Fernsehlandschaft geadelt, dem renommierten Adolf-Grimme-Preis.

Der Vorgesetzte und sein Führungsalltag

Wenn kurzweilige Geschichten über einen unfähigen Vorgesetzten es bis zu einem Stammplatz in der Abendunterhaltung bringen, lässt das zwei Rückschlüsse zu. Erstens: Die Serie spiegelt die Erfahrungswelten zahlreicher chefgeplagter Zuschauer. Zweitens: In deutschen Chefsesseln hocken allen Fortbildungsangeboten zum Trotz immer noch jede Menge *Masters of Disasters,* siehe Teil II. Kein Wunder, dass zahllose Karriereratgeber sich akribisch der Frage widmen, wie man als Mitarbeiter am besten mit den kleinen Eigenarten dieser Truppe aus der Geisterbahn fertigwird. Und erst recht kein Wunder, dass eine wachsende Zahl von Mitarbeitern nur noch Dienst nach Vorschrift macht oder sich die Zeit mit kleinen Rachefantasien vertreibt.

Unterdessen lassen die Zyniker unter den Chefs keinen Zweifel an ihrer Überzeugung, dass die pflegliche Behandlung des Personals doch sowieso reine Zeit- und Geldverschwendung ist. Süffisant weisen sie darauf hin, dass heute nicht mehr Sozialkompetenzen, sondern nur noch Profite und hohe Renditen gefragt sind. Und dass sie schließlich nicht eingestellt wurden, um einen Beliebtheitswettbewerb zu gewinnen, sondern um Formeln wie »½* 2* 3*« durchzusetzen: Halb so viele Angestellte auf der Gehaltsliste, die zwar, zumindest im Spitzenfeld, durchaus zweimal so viel verdienen können, aber dafür bitteschön mindestens dreimal so viel wegarbeiten müssen.[11] Katastrophenchefs lieben solche knackigen Visionen. Vor lauter Begeisterung kommen sie gar nicht auf den Gedanken, dass ihre Rechnung vielleicht nicht aufgehen könnte – weil ihren überlasteten Restmitarbeitern total egal ist, was Aufsichtsräte und Aktionäre von ihnen erwarten.

Ein Hauptmerkmal dieser Art von Führungskräften ist, dass sie zwar in Sachen Auftreten, Allüren und Anspruch eindeutig dem Cheflager zuzuordnen sind – sich aber gleichzeitig selbst einzig und allein als Mitarbeiter sehen. Entsprechend häufig jammern sie über ungerechte und/oder inkompetente Vorgesetzte. Auf die Idee, das Jammern über ihre Chefs kurzzeitig einzustellen und sich daran zu erinnern, dass sie ihrerseits Vorgesetzte sind, kommen sie so gut wie nie. An diese Erkenntnis müsste sich nämlich fast automatisch die Frage anschließen, ob sie ihre Mitarbeiter eigentlich mit der Führungskompetenz beglücken, die sie sich von ihren eigenen Chefs wünschen.

Doch solche kleinen Experimente in Sachen Selbsterkenntnis werden, sofern sie überhaupt stattfinden, in der Regel vorzeitig abgebrochen. Lieber fragt man leidensgeplagt: »Und wer motiviert *mich*?« Man trägt schließlich schwer an der Verantwortung, man ist unerträglichem Druck von allen Seiten ausgesetzt, man muss um Job und berufliches Fortkommen fürchten, sich mit unmöglichen Chefs, unmöglichen Kunden, unmöglichen Aufsichtsräten und unmöglichen Mitarbeitern herumquälen. Es geht also in etwa um dieselben Nöte, die auch den Mitarbeitern vertraut sind. Angesichts diverser Gehalts-, Macht- und Statusunterschiede jammern die Vorgesetzten allerdings auf ziemlich hohem Niveau.

Zu den Lieblingsthemen im traulichen Erfahrungsaustausch unter entkräfteten Führungskräften gehören übrigens die ersten Burnout-Symptome. Die sind für Chefs im Dauerstress in der Tat eine ernstzunehmende Gefahr. Für Mitarbeiter im Dauerstress allerdings auch. Genauer gesagt: Das Burnout-Risiko ist umso größer, je niedriger die Stelle in der Hierarchie angesiedelt ist.[12] Die Bewohner der oberen Etagen können also erst mal aufatmen.

Der Vorgesetzte und die Pflege der Mitarbeiter

Der Arbeitsmarkt bietet derzeit willige, billige Arbeitskräfte in Hülle und Fülle. Da ist es für die Chefs nur schwer vorstellbar, dass ihr Führungsstil für den Gang der Geschäfte überhaupt noch irgendeine Rolle spielt. Was aber, wenn die Erkenntnisse der Motivationsgurus kein modischer Schnickschnack sind, sondern womöglich doch *der* dringend benötigte Kick, der die Leistung der Untergebenen in ungeahnte Höhen katapultiert? Immerhin haben Untersuchungen ergeben, »dass das Arbeitsklima einen Unterschied von 20 bis 30 Prozent bei den Geschäftsergebnissen ausmachen kann«.[13]

20 bis 30 Prozent – das ist eine Menge. Eine Menge, die in knallhart gewinnorientierten Betrieben über die Beförderung oder Entlassung von Führungskräften entscheidet. Aus diesem Grund haben fortschrittliche Vorgesetzte *Management by Prosecco* erfunden: Sie lassen in mehr oder weniger regelmäßigen Abständen einen Prosecco für die Untergebenen springen und verbreiten für ein halbes Stünd-

chen Geselligkeit, gerne gespickt mit Anekdoten aus der großen weiten Welt. Mit den Prinzipien moderner Personalführung hat das zwar nur begrenzt zu tun, aber es herrscht – zumindest zu solchen Anlässen – immer »super Stimmung im Team«: Die Mitarbeiter freuen sich über das halbe Stündchen Arbeitspause. Und der Chef ist stolz auf seine *Soft skills*.

Dann und wann ein Gläschen Prosecco zu spendieren ist zwar nicht unbedingt ein Beweis für Führungskompetenz – aber immerhin. Weniger fortschrittliche Chefs verweisen auf die allgemeine Wirtschaftslage und halten das für Grund genug, auf Mitarbeiterpflege gleich ganz zu verzichten. Wobei jeder weiß, dass die Wirtschaftslage natürlich nur eine Ausrede ist. Möglicherweise benutzen die Katastrophenchefs sie jedoch nicht etwa, weil sie mit ihren Untergebenen nicht umgehen wollen, sondern weil sie mit ihnen gar nicht umgehen *können:* In Deutschland sind immerhin über 70 Prozent aller Führungspositionen von Männern besetzt.[14] Und die haben es nun mal von Natur aus nicht so mit der Sozialkompetenz, wie Allan und Barbara Pease in ihrem Bestseller »Warum Männer nicht zuhören und Frauen schlecht einparken« überaus einleuchtend erklärt haben.

Der Vorgesetzte als natürliches Führungstalent

Mangelndes Interesse am Mitarbeiter ließe sich also, etwas guten Willen vorausgesetzt, als genetisches Problem männlicher Vorgesetzter ansehen. Und für ihre Gene können sie nun mal unmöglich die Verantwortung tragen. Sehr wohl verantwortlich hingegen sind die vereinten Führungsriegen dafür, dass in Deutschland die Chefsessel üblicherweise aufgrund fachlicher Qualifikation und als Belohnung für besondere Verdienste besetzt werden; die theoretisch geforderte Sozialkompetenz spielt in der Einstellungs- und Beförderungspraxis kaum eine Rolle. Der Haken daran: Chefs, die zwar fachlich top, aber menschlich ein Flop sind, ruinieren die Beziehung zu ihren Bodentruppen gelegentlich allein dadurch, dass sie ihre weniger erfahrenen und ausgebildeten Mitarbeiter allesamt für inkompetent halten und sich auch keine allzu große Mühe geben, diese Meinung zu verbergen: »Sagen Sie mal, Maier, sind Sie so begriffsstutzig oder tun Sie nur so?«

Ein Vorgesetztenjob als Belohnung für besondere fachliche Leistungen – da ist das Unheil geradezu vorprogrammiert. Denn dadurch fühlen sich frisch beförderte Chefs automatisch als Teil der Elite, als »Spitzenkraft« ohne (nennenswerte) Fehler und Schwächen. Kein Wunder, dass solche Führungskräfte Chefgehalt und Chefstatus als selbstverständliches Dankeschön des Arbeitgebers für erbrachte Dienste ansehen. Und Personalführung daher zwangsläufig für einen Nebenbei-Job halten, für eine lästige Verpflichtung irgendwo zwischen der Lektüre von Vorstandsberichten und der jährlichen Ansprache bei der Weihnachtsfeier.

Es ist schon erstaunlich: Viele Chefs sind heutzutage akademisch gebildet, sie haben endlos viel Fachwissen intus – und dieselben Leute gehen an ihren Führungsjob mit einer Art fröhlicher Unbedarftheit ran. Sie vertrauen auf »Personalmanagement by Bauchgefühl« und verlassen sich im Umgang mit ihren Mitarbeitern ganz auf ihr Naturtalent. Obwohl das oft nicht mal ausreicht, um zu Hause den Stress mit Beziehungspartnern oder Wohnungsnachbarn in den Griff zu bekommen.

Egal. Wenn das mit dem Naturtalent nicht klappt, bleibt ihnen ja immer noch ihre Machtposition.

Alles Motivation oder was?
Zur Stimmung zwischen Chefs
und Mitarbeitern

Angesichts der allgemeinen Lustlosigkeit an deutschen Arbeitsplätzen scheint die Kunst zu motivieren eines der letzten großen Geheimnisse der Menschheit zu sein, ein sagenumwobenes Mysterium irgendwo zwischen dem Stein der Weisen und den Lottozahlen vom nächsten Samstag. Dabei gibt es Bücher, Broschüren und Seminarunterlagen zum Thema wie Sand am Meer. Von einem dramatischen Mangel an verfügbarem Wissen kann also nicht wirklich die Rede sein.

Die Experten sind sich zwar nicht bis ins letzte Detail einig. Aber in groben Zügen steht ziemlich fest, dass Motivation auf den Grad an Zufriedenheit im Job zurückzuführen ist. Der wiederum ergibt sich aus der Größe des Handlungsspielraums, dem Anspruch der Aufgaben, dem »sozialen Lohn« – also Status, Anerkennung, Freundschaften – und dem finanziellen Lohn.[15] Wobei die reine Kohle mit nur 10 Prozent der schwächste Motivationsgrund ist, jedenfalls, wenn das Gehalt nicht existenzbedrohend niedrig ist.

Der Chef als Motivationsexperte

So weit, so einleuchtend. Aber wie motiviert man denn nun eigentlich? Und wer muss überhaupt wen motivieren? Fragen über Fragen. Und die Hauptrolle in den Antworten, die spielt fast immer der Chef. So erläutert der Karriereberater Ferdinand F. Fournies in seinem Buch »Warum Mitarbeiter nicht tun, was sie tun sollten«[16] auf immerhin 200 Seiten seine Überzeugung, dass schlechte Mitarbeiterleistungen rein gar nichts mit fehlender Motivation zu tun haben, sondern einzig und allein mit 16 (in Worten: sechzehn) typischen Führungsfehlern der Vorgesetzten. Die sind zum Beispiel lieber Kritiker als Lehrer, sie lassen ihr Fußvolk Rätsel raten, anstatt sich Zeit für genaue Erklärungen zu nehmen – und gerne bestrafen sie auch Mitarbeiter dafür, dass die tun, was theoretisch von ihnen erwartet wird. Etwa mit einem genervten »Schaffen Sie das nicht *ein Mal* alleine?«, sobald ein Untergebener es wagt, seiner Führungskraft eine Sinnfrage zu stellen.

Es gibt allerdings auch Stimmen, die den Mitarbeitern die Verantwortung für ihre Haltung im Job zuschreiben: Wahre Motivation müsste eigentlich von innen kommen und dürfte nicht nur dann angeknipst werden, wenn von außen Belohnung, Lob und Geschenke winken.[17] Die Verheißung auf *Flow*, Freude an der Selbstverantwortung und nicht zuletzt die Dankbarkeit dafür, überhaupt noch einen Job zu haben, sollten schließlich Arbeitsanreiz genug sein.

Soso. In Wirklichkeit können sich viele Mitarbeiter für *Flow* und Eigenverantwortung abstrampeln, wie sie wollen, ohne dass die *Masters of Disasters* ihnen jemals eine Chance gäben, diesen sagenhaften Zustand zu erreichen. Und man kann Gift drauf nehmen, dass ausgerechnet die Chefs, die sich sonst für Motivationstechniken ungefähr so sehr interessieren wie für die Frühgeschichte der Mongolei, ihre Ablehnung jeglicher Mitarbeiterförderung ausgerechnet mit einem auswendig gelernten Spruch aus der Motivationsforschung begründen: »Wissen Sie, es ist doch nachweislich alles eine Frage der Selbstverantwortung. Die Mitarbeiter müssen sich nun mal selbst um ihre Motivation kümmern.«

»Dafür werden Sie schließlich bezahlt!«

Wer so daherredet, hält einschlägige Tipps von menschenfreundlichen Motivationsexperten natürlich für völligen Unsinn. Und die Anregung »Machen Sie sich für Gehaltserhöhungen stark«[18] grenzt für die *tough guys* unter den Vorgesetzten an Anstiftung zum Wirtschaftsverbrechen; schließlich besteht Gefahr im Verzug für den Unternehmensgewinn. Deshalb stellen sie sich bei Gehaltsverhandlungen immer so an, als ob ihnen jeder einzelne Euro vom eigenen Lohn abgezogen würde.

Verzichtet wird nicht nur auf alles, was Geld kostet – die Gehälter sind schließlich schon teuer genug –, sondern auch auf alles, was irgendwann mal Geld kosten *könnte*. Dazu gehören auch Lob und Anerkennung: Mitarbeiter, die fahrlässig viel davon erhalten, könnten irgendwann auf die Idee kommen, genau aus diesem Grund eine Lohnerhöhung einzufordern. Für die gibt es jedoch, jedenfalls in diesem Leben, garantiert keinen gerechtfertigten Anlass. Was ein echter *MacMaster* gerne mit einem markigen Spruch quittiert: »Wenn alles gut läuft, ist das nicht der Rede wert; dafür werden Sie schließlich bezahlt.«

Menschen brauchen Anerkennung. In der Kindererziehung ist diese Erkenntnis fast ein Allgemeinplatz; weit weniger bekannt ist, dass er auch für Mitarbeiter gilt. Wer ständig kritisiert wird, bei dem sinken Selbstbewusstsein und Leistungsfähigkeit in den Keller. Fast noch schlimmer wirkt es sich aus, wenn es weder Lob gibt noch Kritik, sondern schlicht und ergreifend gar kein Feedback. Trotzdem hantieren die Katastrophenchefs mit Kritik weiterhin so geschickt wie eine Planierraupe mit einem Butterkeks. Und was Lob und Anerkennung betrifft, so gehört fast alles aus ihrem Verhaltensfundus in die Kategorie »Thema verfehlt«.

Besonders beliebt ist das Modell »Lob vom Sonnenkönig«. Diese Form der Anerkennung ist weit verbreitet unter Chefs, die beim Überfliegen eines Zeitungsartikels über Motivation aufgeschnappt haben, dass Mitarbeiter Anerkennung brauchen. Sie stellen einen gewissen Handlungsbedarf fest und streuen deshalb gnädig hier und da eine Hand voll Lob unters Volk: »Sie machen das ganz ordentlich«, »Für den Anfang gar nicht schlecht«, »Sie haben sich wacker bemüht« oder »Das hätte ich Ihnen gar nicht zugetraut«. Gütige Gesten des Meisters, der aber erstens grundsätzlich alles besser kann und zweitens bei aller väterlichen Freundlichkeit die Bäume nicht in den Himmel wachsen lassen will. In diese Kategorie gehören übrigens auch Sprüche wie »Ihr wart mal wieder Spitze, Mädels«. Mit der ehrlichen Anerkennung konkreter Leistungen hat das wenig zu tun. Mehr mit der selbstgefälligen Pose von Dompteuren, die ihren Seehunden nach den Kunststückchen ein paar Fische zuwerfen.

Hier lobt sich der Chef noch selbst!

Eigenlob ist eine Form von Lob, mit der die *Masters* hingegen nicht das geringste Problem haben. Nur zu gerne berichten sie ihrer aufmerksam lauschenden Mitarbeiterschar lang und breit von den vollbrachten Heldentaten der letzten dreißig Jahre. Schließlich steht in jedem Karriereratgeber, dass Eigenlob für das Stricken am eigenen Aufstieg absolut unverzichtbar ist.

Dieselben Vorgesetzten reagieren allerdings ausgesprochen allergisch auf jeden kleinsten Versuch ihrer Mitarbeiter, aus genau diesem Grund auch mal die eigenen Leistungen zur Sprache zu bringen, wo man die doch an höherer Stelle hartnäckig zu übersehen scheint. Für diese Vermutung spricht zumindest das nicht vorhandene Lob vom Chef. Gegen das *Äußern* dieser Vermutung spricht jedoch, dass es danach wahrscheinlich noch weniger Anerkennung geben wird. Eigenlob von Mitarbeitern grenzt schließlich an Majestätsbeleidigung und ist entsprechend hart zu bestrafen.

Zum Thema »Mein Chef klaut mir mein Lob« könnte man locker eine neue Talkshow starten, so viele Mitarbeiter gibt es, die dazu reichlich was zu erzählen hätten. Es ist immer dasselbe: Der Mitarbeiter hat eine hervorragende Idee, eine großartige Leistung vollbracht, eine Krise kurz vor zwölf auf geniale Weise gemeistert – und sein *Master* stellt sich jovial lächelnd in Siegerpose ins Rampenlicht und kassiert die Anerkennung. Dabei hat er meistens noch nicht mal ein schlechtes Gewissen. Er ist schließlich der Chef, und es ist zweifelsohne nur seiner fantastischen Führungskompetenz zu verdanken, dass seine Mitarbeiter zu solch fantastischen Taten überhaupt in der Lage sind.

Der auf diese Weise ergaunerte Genuss von Beifall und Schulterklopfen hat allerdings nicht selten ein kleines Nachspiel. Geklautes Lob hat nämlich auf der Hassliste fieser Chefeigenschaften einen Platz ganz weit oben. Wer so etwas hinnehmen muss, der lauert auf Revanche. Irgendwann bietet sich bestimmt eine günstige Gelegenheit.

Wie sieht's mit Ihrer Demotivationsfähigkeit aus?

Bisher haben wir uns mit der *Ab*wesenheit von Motivation befasst. Der letzte Punkt – Chefs stecken Lob ein, das eigentlich ihren Mitarbeitern gebührt – leitet über zu einem noch wesentlich bedeutenderen Themenkomplex: der *An*wesenheit von *De*motivation. Nicht umsonst rät Karriereberater Markus Vorbeck: »Finden Sie Antworten auf die Frage: Wie stehe ich der Motivation meiner Mitarbeiter im Weg?«[19].

Führungskräften, die überhaupt nicht einsehen, warum sie an diese Frage auch nur einen einzigen Gedanken verschwenden sollten, erklärt er fürsorglich: »Sie, und niemand und nichts anderes, könnten der neuralgische Punkt, die Achillesferse für die Arbeitszufriedenheit und die Leistungsbereitschaft Ihrer Mitarbeiter sein.«[20]

Der Vorgesetzte als Achillesferse für die Leistungslust seiner Mitarbeiter – das ist höflich-verklausuliert für: »Sorry, Jungs – aber vielleicht seid *ihr* ja das Problem und nicht eure Leute. Also denkt mal über euer Verhalten nach!« Wobei intensive Geistesarbeit gar nicht erforderlich ist; es würde reichen, einfach mal die lieben Untergebenen zu befragen. Was die über ihre täglichen Chef-Erlebnisse zwischen Doku-Drama und Realsatire erzählen könnten, ließe keinerlei Zweifel an den »neuralgischen Punkten« für Motivation und Leistung im Job. Stellvertretend für zahllose ungehaltene Reden ungehaltener Mitarbeiter schildert Teil II daher nun praxisnah die fünf größten Problemzonen der *Masters of Disasters*:

- Arbeitsorganisation,
- Kommunikation,
- Umgang mit Fehlern,
- Umgang mit Gefühlen,
- Integrität.

Wir wünschen gute Unterhaltung.

Teil II

Masters of Disasters: Wie Chefs die Leistungslust erwürgen

»Großartige Leistungen beginnen mit großartigen Gefühlen.«[1]
DANIEL GOLEMAN,
PSYCHOLOGE UND EXPERTE FÜR EMOTIONALE INTELLIGENZ

Desaster Nr. 1:
Chefs und Arbeitsorganisation

Leistung hängt nicht nur von Motivation und persönlichem Talent ab, sondern zu einem ziemlich großen Teil von der Qualität der Ausrüstung am Arbeitsplatz. Dazu müsste man als Chef allerdings erst mal wissen, wie es um die Qualität der Ausstattung bestellt ist. Und zwar nicht um die der eigenen, sondern um die der Mitarbeiter.

Manche Karriereratgeber empfehlen Chefs, jeden ihrer Mitarbeiter einmal einen Tag lang bei seiner Tätigkeit zu begleiten,[2] um einen tieferen Einblick in dessen Aufgabenstrukturen und Arbeitsbedingungen zu gewinnen. Zweifellos ein großartiger Vorschlag. Der Haken daran ist nur, dass die meisten Vorgesetzten ihn dankend ablehnen. Denn erstens haben sie nun wirklich Wichtigeres zu tun. Und zweitens lamentieren sie lieber über ihre eigene Ausstattung, als sich auch mal draußen vor der Tür ihres in der Regel großzügig bemessenen, geschmackvoll möblierten und wohltemperierten Büros umzusehen.

Dabei können kleine Abenteuertrips in die Welt der Mitarbeiter immer wieder zu erstaunlichen Entdeckungen führen. Dass es im Großraumbüro im Sommer zu heiß ist und im Winter zu kalt, weil die Klimaanlage seit Menschengedenken nicht mehr gewartet wurde. Dass die »neulich erst« angeschaffte topmoderne Telefonanlage inzwischen weder den Kundenansprüchen noch den Mitarbeiteraufgaben gerecht wird. Dass das hausinterne EDV-System vor lauter angeflickten Systemerweiterungen regelmäßig zusammenbricht und dabei jedes Mal größere Datenmengen in den Orkus schickt. Und dass Teeküche und Toiletten ohne weiteres als Drehmotive für einen Spielfilm über das sozialistische Russland verwendet werden könnten.

Es liegt auf der Hand, dass solche Arbeitsbedingungen eher Frust als *Flow* zur Folge haben. Entsprechend mittelmäßig ist irgendwann die Leistung. Und zwar besonders dann, wenn Vorgesetzte die Bitten ihrer Mitarbeiter um die Erneuerung altersschwacher Bürostühle oder wenigstens um eine neue Kaffeemaschine bedauernd ablehnen »wegen der angespannten Haushaltslage« – und sich selbst eine komplette Modernisierung ihrer Dienstgemächer gönnen, samt Designermöbeln, Minibar und neuem Plasmabildschirm.

Von ihrem Feldherrnhügel sehen die *Masters of Disasters* nur, dass »die Truppe nicht richtig spurt«. Dass »die Truppe« wesentlich mehr, wesentlich schneller und wesentlich besser arbeiten könnte, wenn Arbeitsbedingungen und Ausrüstung besser wären, bekommen sie von da oben nicht mit. Und für die Erkenntnis, dass beides zu großen Teilen vom persönlichen Engagement des Vorgesetzten für die Arbeitssituation seiner Mitarbeiter abhängig ist, fehlt ihnen das Interesse.

Wo wir gerade von Erkenntnissen sprechen: Es ist allgemein bekannt, dass Vorgesetzte sich ständig über Mitarbeiterschwächen wie inkompetente PC-Bedienung, mangelnden Informationsfluss, chronische Unpünktlichkeit und ausufernde Unordnung ärgern müssen. Weniger bekannt – jedenfalls unter Vorgesetzten – ist, dass viele Mitarbeiter ständig kurz vorm Nervenzusammenbruch stehen, weil ihre Chefs ihnen dieselbe bunte Palette an organisatorischem Fehlverhalten bieten. Die Mitarbeiter wissen aus langjähriger Erfahrung, dass grundsätzlich Unheil droht, wenn ihre Oberbefehlshaber wichtige Schriftstücke selbst aufbewahren wollen, dreidimensionales Zeitmanagement ausprobieren oder auf die Schnelle eine komplizierte Tabellenkalkulation »optimieren« möchten. Tritt dann erwartungsgemäß der Katastrophenfall ein, hat das allerdings einen kleinen erfreulichen Nebeneffekt: Beim schnellen Tratsch unter Kollegen gibt es für die gebeutelten Untergebenen mal wieder so richtig was zu lästern.

Zeitmanagement ist nur ein Wort

Sehr ergiebig ist auch das Thema »ungestörtes Arbeiten«. Es gehört zu den Lieblingsklagen von Chefs, sie würden ständig durch das Personal gestört. Dabei ist es oft genau umgekehrt: Hier ein Mitarbeiter, der dringend eine wichtige Aufgabe erledigen muss und verzweifelt versucht, sich in der arbeitsüblichen Atmosphäre von Hektik und Stress zu konzentrieren. Und dort ein Chef, der ohne Vorwarnung reinplatzt und den Mitarbeiter zehn Minuten lang zuschwafelt, weil er entweder a) vergessen hat, dass der etwas Dringendes für ihn erledigen soll, b) inzwischen etwas noch viel Dringenderes erledigt haben will oder c) in einem Anfall von Sozialkompetenz ein kleines gemütliches Schwätzchen halten möchte.

»Dringend« heißt in die Denke des Chefs übersetzt: »Egal, was Sie gerade machen – es kann gar nicht so wichtig sein wie das, was ich jetzt von Ihnen will.« Hinter den hektischen Überfällen steckt also nichts anderes als die Überzeugung vieler Vorgesetzter, dass sie allein Weitblick genug haben, Wichtiges von Unwichtigem zu unterscheiden. Da müssen die Mitarbeiter gar nicht lange rätseln, was der Chef wohl von ihrer Fachkompetenz hält.

Und wenn sie sehen, wie sein »Zeitmanagement, Untergebenenversion« aussieht, verschwinden in der Regel zarte Fantasien von der kreativen Partnerschaft mit dem Chef wie von selbst. Ihre Zeit »managen« viele Vorgesetzte nämlich in der Regel nur, wenn es um Termine mit VIP-Kunden, dem eigenen Chef und potenziellen Kandidaten für den nächsten *business lunch* geht. Für die Mitarbeiter gilt: Der Chef hat nie Zeit, nicht für Erklärungen und sachdienliche Hintergrundinformationen und für sonstige Anliegen erst recht nicht.

Das höchste der Gefühle ist ein Drei-Minuten-Zeitfenster zwischen Tür und Angel. Wer tatsächlich mal eine Audienz im Chefbüro bekommt, hat den Boss zwar kurz für sich, aber häufig nur, um ihm beim *Multitasking* (mit halbem Ohr dem Mitarbeiter zuhören, E-Mails beantworten, neuen Klingelton fürs Handy einstellen) zu bewundern. Zu routinemäßigen Teamsitzungen kommen solche Chefs gerne zu spät, weil sie »noch was Wichtiges zu erledigen« hatten. Wenn sie das *Meeting* »wegen unaufschiebbarer Termine« nicht gleich ganz ausfallen lassen.

Direkt oder indirekt lautet die Botschaft: »Der Chef ist immer im Stress!« Genau den verbreitet er auch. Dabei führt permanenter Druck nicht etwa zu Spitzenleistungen, sondern zu Missverständnissen und Fehlern, wie längst bewiesen ist. Denn in dieser Situation »sind wir zerstreuter und können uns nicht so gut erinnern, nicht einmal an etwas, was wir gerade erst gelesen haben. Nicht zur Sache gehörige Gedanken mischen sich ein, und die Informationsverarbeitung ist erschwert.«[3] An den Folgen lässt EQ-Experte Daniel Goleman, der sich als Erster publikumswirksam mit dem Thema »Stress vom Chef« befasst hat, keinen Zweifel: »Nicht nur, dass akuter Stress uns momentan außer Gefecht setzen kann – anhaltender Stress kann eine dauerhafte Abstumpfung des Intellekts nach sich ziehen.«[4]

Es geht nichts über unklare Kompetenzen

Eine vernünftige Arbeitsorganisation erfordert bekanntlich Regeln. Im Aufstellen dieser Regeln sind Chefs große Klasse, das ist schließlich das Vorrecht der Mächtigen: »Ich bin die nächste Stunde für niemanden zu sprechen!«, »Ohne schriftliche Bestellung wird kein Auftrag bearbeitet« oder »Wir geben grundsätzlich keinen Preisnachlass«.

Na bitte, da weiß jeder Mitarbeiter gleich, wo es langgeht. Allerdings nur so lange, bis er vom Chef zusammengefaltet wird, weil er weisungsgemäß neben fünf anderen Anrufern auch dessen neuen Star-Anlageberater abgewimmelt hat. Und bis die Frau eines Branchenfreundes vom Chef sich mit der Antwort »Wir geben grundsätzlich keinen Preisnachlass« nicht abfindet und mit dem Herrscher persönlich reden will. Der räumt dann gnädig 15 Prozent Rabatt ein. Er darf das, er ist schließlich der Chef. Und deshalb darf er den telefonischen Auftrag seines Tenniskumpels auch ohne schriftliche Bestätigung gleich an den Kundenservice weiterleiten. Mit dem Vermerk »dringend«, versteht sich.

So demonstriert ein echter *Master* seine Macht. Aber auch eine gewisse Kurzsichtigkeit. Denn Vorgesetzte, die so hochherrschaftlich Ausnahmen machen, können sich am Ende vor lauter Bitten wichtiger und dummerweise auch weniger wichtiger Zeitgenossen um »einen persönlichen Gefallen« kaum noch retten. Ein Segen für die Mitarbeiter: Mit Spezln vom Chef, selbsternannten VIPs und anderen Nervensägen haben sie dadurch kaum noch was zu tun.

Telefonische Erreichbarkeit am Arbeitsplatz, Pünktlichkeit, Privatgespräche – die Liste der Bereiche, in denen Chefs eiserne Regeln verkünden, um sich sodann fröhlich über sie hinwegzusetzen, ließe sich endlos fortsetzen. Mit – wen wundert's – einer kleinen Ausnahme: der Kompetenzverteilung im Team. Eine klar geregelte Einteilung der Aufgaben und Zuständigkeiten ist zwar theoretisch Gold wert.

Doch in der Praxis finden es die Katastrophenchefs viel einfacher, Arbeitsaufträge schlicht dem nächsten greifbaren Mitarbeiter aufs Auge zu drücken. Mit diesem kopflosen Abladen von Arbeit haben sie zwar jede Menge »Kleinkram« schnell vom Tisch, aber langfristig auch eine Menge demotivierter Mitarbeiter am Hals. Denen vergeht nämlich vor lauter Dauerfrust über unnötigen Zeitdruck, sinnlose Doppelarbeit, über ungerechte Arbeitsverteilung und undurchschaubare Zuständigkeitsbereiche irgendwann die Lust, auch nur einen Handschlag mehr zu tun als unbedingt erforderlich.

Die Motivation wird nicht größer, wenn der Chef sich weitgehend darüber ausschweigt, welche Prioritäten er setzt, welche konkreten Erwartungen er eigentlich hat, um welche Ziele es geht, wie die Erfolgskriterien lauten und wie er die geleistete Arbeit beurteilt. Und ganz dick kommt es, wenn Vorgesetzte auch noch Kompetenzräuberei betreiben und nach Lust und Laune in den Aufgabenbereich ihrer Untergebenen hineinregieren. Oder wenn sie mit der Geste großer Herrscher über den Kopf ihrer Mitarbeiter hinweg deren Untergebenen Dienstanweisungen geben, die in besonders gelungenen Fällen allen zuvor verkündeten Leitlinien und Prinzipien widersprechen.

Das alles klingt nach Wahnsinn, aber manchmal hat es sogar Methode. Jens Weidner, Professor für Erziehungswissenschaften (!) und Kriminologie, erklärt in seinem Buch »Die Peperoni-Strategie«, wie Führungskräfte nörgelnde und kritisierende Kollegen und Mitarbeiter in »beruflich existenziellen und karriereentscheidenden Wettbewerbssituationen« durch unlösbare Aufgaben und unangemessene Arbeitsmengen in die Schranken weisen können: »Die so Überladenen werden ihren Job höchstwahrscheinlich nicht bewältigen können. Dieses nehmen Sie wiederum zum Anlass, die Mitarbeiter öffentlich zu kritisieren, etwa in dem Sinne, dass sie den Anforderungen des Unternehmens offensichtlich nicht mehr voll gerecht werden beziehungsweise dass das Zeitmanagement deutlich zu wünschen übrig lässt. ... Bevor die Mitarbeiter begreifen, was hier eigentlich gespielt wird, sind sie schon in die Defensive gedrängt und ihr Ruf als Stütze des Unternehmens steht auf dem Spiel.«[5] Bitte einen Sonderapplaus für dieses todsichere Motivationsrezept.

Die Erfolge dieser Formen der »Arbeitsorganisation« bei den Mitarbeitern sind inzwischen wissenschaftlich dokumentiert: Resignation, Rückzug, Distanzierung (»Das geht mich alles nichts an«), Apathie, Zynismus.[6] Innere Kündigung garantiert, spätere Rache nicht ausgeschlossen.

»Dann mach' ich es lieber gleich selbst!«

Eigentlich ist es kein Wunder, dass Vorgesetzte an dem ganzen organisatorischen Papierkram von Arbeitsplatzbeschreibung bis Kompetenztransparenz so wenig Interesse haben. Es gibt doch sowieso nur einen, der alles richtig macht und kann: den Chef. Und genau deshalb tut der sich auch so schwer mit dem Arbeitsbereich, der eigentlich sein wichtigster sein sollte – dem Delegieren von Aufgaben an seine Mitarbeiter.

Je weiter oben in der Hierarchie ein Chef ist, desto weniger kann er sich nun mal um jedes Detail selbst kümmern, weil er (in diesem Fall tatsächlich) Wichtigeres zu tun hat. Es bleibt ihm also gar nichts anderes übrig, als alles, was nicht unmittelbar seinen persönlichen Aufgabenbereich betrifft, vertrauensvoll an seine Mitarbeiter zu delegieren.

So weit, so einleuchtend. Und trotzdem tun sich viele Chefs genau damit ungeheuer schwer und verbringen im Zweifel lieber halbe Nächte und ganze Wochenenden beim Mikromanagement im Büro, anstatt ein bisschen Delegieren zu üben. Offiziell erwecken sie dabei gerne den Anschein, als ob sie keine andere Wahl hätten: »Meine Leute haben doch sowieso schon so viel zu tun«, »Die können/wollen das doch gar nicht« oder, auch sehr beliebt, »Wenn ich alles erst lang und breit erklären muss, mach' ich es lieber gleich selbst.« Wobei waschechte Katastrophenchefs nicht nur die Ausarbeitung strategischer Leitlinien für die nächsten fünf Jahre als undelegierbare Chefsache betrachten, sondern auch die kritische Evaluierung der Frage, ob auf der Weihnachtsfeier Buletten serviert werden sollen oder doch lieber Hackbraten.

Insgeheim stecken noch weitere Gründe hinter der Delegationsunlust, alle nicht wirklich von Uneigennützigkeit geprägt. So erzielt der Chef mit einem »Dann mach' ich es lieber gleich selbst« den angenehmen Nebeneffekt, den Mitarbeitern mal eben kurz und knackig das eigene Genie vor Augen zu führen. Praktischerweise hat er damit gleichzeitig eine unschlagbare Entschuldigung dafür parat, warum andere anspruchsvollere, aber ungeliebte Chef-Arbeiten wie Quartalsberichte schreiben und Strategiepapiere durcharbeiten erst mal liegen bleiben.

Was angenehme Aufgaben betrifft, so sehen viele Chefs gar nicht ein, warum sie ausgerechnet diese kleinen Belohnungen, die das harte Vorgesetztendasein für sie bereithält, an ihre Mitarbeiter abgeben sollten. Und gegen das Delegieren anspruchsvoller Aufgaben spricht die Lernfähigkeit der Untergebenen. Denn die würden vielleicht zu furchterregend guter Form auflaufen, wenn man sie nur mal ließe, wie sie könnten.

Alles unter Kontrolle?

Die zickige Zwillingsschwester der Delegationsunlust ist die Kontrollwut. Sie treibt sich überall da herum, wo die chronische Selbstüberschätzung eines *Masters* mit dessen chronischer Unterschätzung seiner Mitarbeiter eine dauerhafte Verbindung eingeht. Dabei ist das Denkmodell »Ohne ständige Kontrolle tut in dem Laden keiner was, oder jedenfalls nicht das Richtige« ein Holzweg so breit wie ein Highway.

Denn erstens finden sich auf Seiten der Untergebenen immer Mittel und Wege, jede noch so strenge Kontrolle trickreich zu umgehen. Und wenn es selbst für Knastinsassen kein unüberwindbares Problem darstellt, sich ihre persönliche Lieblingsdroge zu organisieren, werden auch findige Mitarbeiter mit Arbeitszeitmessgeräten, Qualitätskontrollregularien und dergleichen spielend fertig.

Zweitens können Chefs, die am liebsten Kontrolleur spielen, davon ausgehen, dass ihre Mitarbeiter im Gegenzug tagtäglich oscarreife Glanzvorstellungen bieten. Sie schlüpfen einfach in die Rolle topengagierter, bienenfleißiger, aufopferungsvoller Untergebener – die aber leiderleider schon so überlastet sind, dass man ihnen unmöglich weitere Aufgaben aufbürden kann.

Und drittens erreichen Chefs mit Kontroll- und Vorschriftenwut genau das Gegenteil von dem, was sie eigentlich erreichen wollen und – zur Pflege ihrer eigenen Karriere – auch erreichen müssten. Sie brauchen die gute Leistung ihrer Leute – aber die lässt sich nicht *erzwingen*. Stattdessen dämpft systematisches Misstrauen von oben die Leistungsfähigkeit der Mitarbeiter, weil Zweifel nun mal nur selten zu Spitzenleistungen ermutigen. Es kommt sogar noch schlimmer: Zu viel Kontrolle und zu wenig Entscheidungsfreiraum schaden langfristig der Gesundheit, wie eine Untersuchung im Auftrag der britischen Regierung ergab: »Angehörige der niedrigsten Hierarchiestufen meldeten sich dreimal so häufig krank wie die Chefs; ihr Sterberisiko lag ebenfalls um den fast unglaublichen Faktor drei höher.«[7]

Der Krankenstand befindet sich zwar auf einem historischen Tief[8] – aber das hat wohl eher mit der flächendeckenden Angst vor dem Jobverlust zu tun als mit glücklichen, motivierten Mitarbeitern.

Desaster Nr. 2:
Chefs und Kommunikation

Die Kommunikationsschwächen von Chefs gehören traditionell zu den *Top Ten* der Ursachen für Mitarbeiterfrust am Arbeitsplatz. Bei männlichen Vorgesetzten (also bei der großen Mehrheit der Führungskräfte) ist diese Schwäche bekanntlich auf die Arbeitsteilung im Höhlenzeitalter zurückzuführen. Im Laufe der Evolution verkümmerte das Kommunikationszentrum im männlichen Hirn: »Männer haben sich zu Jägern und Nahrungslieferanten entwickelt, nicht zu Konversationsgenies. Während der Jagd waren nur wenige nonverbale Signale erforderlich, und die meiste Zeit saßen die Jäger schweigend nebeneinander und beobachteten ihre Beute. Weder redeten sie, noch mussten sie einander näherkommen.«[9]

Trotzdem legen die wortkargen Krieger, die bei der Arbeit den Dialog mit ihren Knechten auf das Notwendigste beschränken, im Gespräch mit ihren eigenen Vorgesetzten eine geradezu erstaunliche Redseligkeit an den Tag. Man darf sich also fragen, ob Kommunikationsschwächen im Umgang mit Mitarbeitern tatsächlich immer auf genetische Vorbelastung zurückzuführen sind – oder schlicht und ergreifend auf Unlust, Desinteresse und Eitelkeit.

Für diese These gibt es durchaus einige Indizien. So zeichnen sich die Sprechakte vieler Chefs gegenüber ihren Untergebenen durch die weitgehende Abwesenheit von »guten Morgen«, »danke«, »bitte«, »gerne« und »Entschuldigung« aus – alles Wörter, die im Umgang mit Großkunden, Aufsichtsräten und anderen Wichtigmenschen mit verschwenderischer Großzügigkeit in die Konversation gestreut werden.

Wenn es um die eigenen Mitarbeiter geht, dominieren »Ich«-Zwang und Fremdwörterwut die bescheidenen Dialogversuche der Bosse mit ihren Bodentruppen. Ein Satz wie »Ich bin stolz darauf, die Abteilung erneut an die Leistungsspitze geführt zu haben« lässt nicht den geringsten Zweifel daran, wem die Erfolge bitteschön zu verdanken sind. Und eine prinzipiell auf Akademikerniveau angesiedelte Wortwahl demonstriert die unendliche Überlegenheit des Vorgesetztenintellekts. Da spielt es kaum eine Rolle, dass der eine oder andere Befehlsempfänger von solchen Ausführungen und Arbeitsaufträgen womöglich nur die Hälfte versteht und deshalb auch die Hälfte falsch macht.

»Dafür hab' ich meine Sherpas«

»Ich habe meine Mädels schon darauf angesetzt«, »Dafür hab' ich meine Sherpas«, »Irgendeinem werd' ich die Negerarbeiten schon aufs Auge drücken« – nicht wenige Vorgesetzte greifen gerne zu solchen Formulierungen zwischen Narzissmus und Überheblichkeit. In diesen Sätzen ist die Welt vom Chef noch in Ordnung. Denn sie zeigen so schön bildhaft, wer hier das Sagen hat und wer kuschen muss. Den Mitarbeitern bestätigen sie allerdings nur, was ihnen die Körpersprache ihrer Chefs sowieso verrät.

Ein typischer *Master of Disasters* fragt sich nämlich niemals, was sein Tonfall und seine Mimik so alles verraten, während er zu seinen Untergebenen spricht. Und so spiegelt sich in seinem Gesicht, ungebrochen durch kritische Selbsterkenntnis oder wenigstens gute Schauspielerei, die ganze Bandbreite seiner Chefemotionen: geheucheltes Interesse, mühsam unterdrückte Langeweile, milde Herablassung, Misstrauen, Skepsis, Ablehnung, verziert mit hochgezogenen Brauen, Augenrollen, Stirnrunzeln, Gähnen und gelegentlich auch dem einen oder anderen genervten Seufzer.

Fortschrittliche Vorgesetzte bemühen sich im Gespräch mit Mitarbeitern ebenso pflichtschuldigst wie unbeholfen um ein »Ich bin ein verständnisvoller Chef«-Gesicht. Doch Führungskräfte, die sich für geborene Mitglieder der herrschenden Leistungselite halten, tragen ein unübersehbares »Da kommt doch eh' nix Interessantes für mich raus« auf der Stirn geschrieben, sobald ein Untergebener mehr zu ihnen sagt als ja und amen. Und auch der Tonfall, der bei diesen Stars zwischen gelangweilt und gönnerhaft, spöttisch oder herrisch schwankt, lässt wenig Raum für Interpretation.

Ihren Herrschaftsanspruch unterstreichen solche Alphatierchen, indem sie ihren Mitarbeitern mit Vorliebe unangenehm nahe kommen, um ihnen prüfend »über den Rücken zu schauen« – ein Auftreten, das übrigens von einem amerikanischen Karriereratgeber ausdrücklich zur Disziplinierung empfohlen wird.[10] Weitere weit verbreitete Chefallüren sind der nicht vorhandene Blickkontakt mit dem Befehlsempfänger, der grundsätzliche Verzicht darauf, vor dem Betreten von Untergebenenzimmern anzuklopfen, entspanntes Füßehochlegen auf dem Schreibtisch während eines Gesprächs – und gelegentlich ganz unverkrampftes Kratzen am Gemächt.

Missverständnisse und wie man sie geschickt verursacht

»Mit untauglichen Informationen kann selbst der beste Mitarbeiter keine erstklassige Arbeit leisten«[11] steht in einem klassischen Ratgeber für erfolgreiche Chefs. Und genau das ist das Schöne an der Personalführungsliteratur: Wer will, findet dort zu allen wichtigen Aspekten des Vorgesetztendaseins klare Worte. Stellt sich nur die Frage, warum es mit dem Informationsmanagement der *Masters* trotzdem hartnäckig nicht so richtig klappen will.

Vielleicht liegt das ja schlicht und ergreifend an etwas

naiven Vorstellungen darüber, wie Information funktioniert: Die meisten Katastrophenchefs gehen seltsamerweise wie selbstverständlich davon aus, dass ihre verbalen Verlautbarungen absolut eindeutig und umfassend sind und daher von den Untergebenen auch 1 : 1 verstanden werden. Aber so läuft es nun mal in den seltensten Fällen. Denn erstens haben Chefs, die eindeutig und umfassend informieren, von Natur aus Seltenheitswert. Zweitens wird der Inhalt oft von nichtsprachlichen Aspekten wie Körpersprache und Tonfall überlagert. Und drittens muss selbst der autoritärste Vorgesetzte damit rechnen, dass seine »Sherpas« zwischendurch nicht richtig zuhören, sich unter dem Gesagten etwas ganz anderes vorstellen, besonders gut oder besonders schlecht gelaunt sind und seine »klaren Botschaften« deshalb nur bruchstückhaft, verkehrt oder gar nicht mitbekommen.

Missverständnisse im Job sind also nicht die Ausnahme, sondern die Regel. Da müsste man als Vorgesetzter irgendwann drauf kommen, dass sich dieses Allerweltsproblem durch routinemäßige Klarheit im Ausdruck und regelmäßiges Rückfragen ganz einfach vermeiden ließe. Aber nein – Chefs und Chefinnen, sonst mit ziemlich ähnlichen Eigenschaften ausgestattet, haben sogar geschlechtsspezifische Verständigungsschwierigkeiten. So drücken sich Chefinnen gerne bewusst vor klaren Anweisungen. Sie führen lieber »andeutungsweise«, weil sie eine Aversion gegen autoritäres Auftreten haben.[12] Ihre männlichen Kollegen wiegen sich derweil leichtsinnigerweise in der Gewissheit, dass die Abwesenheit von Mitarbeiterfragen ja wohl Beweis genug ist für eine Aufgabenstellung, die an Klarheit nichts zu wünschen übrig lässt. Von Erfolg gekrönt sind beide Verhaltensweisen eher selten, denn auf »ungefähre« Arbeitsaufträge folgen auch nur »ungefähre« Ergebnisse.[13] Was Damen wie Herren aus der Chefetage einen willkommenen Anlass liefert, mal wieder über »unfähige Untergebene« zu lamentieren.

Informationsmanagement zwischen *must* und Märchen

Für naives oder unbeholfenes Informationsmanagement gibt es vielleicht noch mildernde Umstände – für das Horten von Herrschaftswissen hingegen ganz bestimmt nicht. Und das kommt immer noch weit häufiger vor, als man denkt. Denn Schikanechefs »vergessen« regelmäßig – aus reiner Überlastung, versteht sich –, ihre Mitarbeiterschar über getroffene Vereinbarungen, neue Regelungen, geänderte Prioritäten und abteilungsrelevante Neuerungen zu informieren. Aus waschechtem Machterhaltungsdrang betreiben sie Informationspolitik nach Regeln, die Dilbert, Comic gewordene Leidfigur des typischen genervten Mitarbeiters, schon lange messerscharf erkannt hat: 1. Erklären Sie als Vorgesetzter Ihren Mitarbeitern, dass Sie die erbetene Information nicht besitzen. 2. Sagen Sie, Sie seien zu beschäftigt, um ihnen sämtliche Informationen zu erläutern. 3. Beharren Sie darauf, dass Sie ihnen die Informationen noch nicht weitergeben können. 4. Ihre Laune sinkt drastisch: Seien Sie unverschämt, ablehnend, herablassend. 5. Wenn es sich partout nicht vermeiden lässt: Geben Sie Ihren Mitarbeitern unvollständige und unwichtige Informationen. 6. Beschweren Sie sich bei jedem, der Ihnen zuhört, dass Ihre Mitarbeiter Ihre Informationen mit Sicherheit falsch verstanden haben, weshalb zu erwartende Fehler und Pannen allein auf sie zurückzuführen sind.[14]

Solche Typen stehen auf der schwarzen Liste ihrer Mitarbeiter ganz oben. Die werden so nämlich nicht nur daran gehindert, ihre Arbeit zu tun und *gut* zu tun. Sondern sie bekommen auch drastisch vor Augen geführt, wie sehr ihr Chef sie und ihre Arbeit schätzt. Denn er informiert garantiert immer dienstfertig, sofort und umfassend alle, die ihm *wirklich* wichtig sind. Den eigenen Chef zum Beispiel.

Der Chef als Zuhörer

Diese Spezies ist für seine Mitarbeiter nicht selten ein Totalausfall – was eigentlich nicht weiter überraschend ist. Die meisten Chefs sind nun mal Männer, und die haben traditionell ein Problem mit dem Zuhören, wie sich jedem besseren Beziehungsratgeber entnehmen lässt. Besonders unter Stress und Druck sind die Folgen für den Durchschnittsmann fatal: »Mit seiner rechten Gehirnhälfte sucht er nach Lösungen für seine Probleme, und in der Zwischenzeit stellt seine linke Gehirnhälfte, die er zum Zuhören und Reden bräuchte, vorübergehend ihren Betrieb ein.«[15]

Muffeligkeit als Erbkrankheit, sozusagen. Und da schon eine stinknormale Diskussion ihre Zuhörfähigkeit merklich überfordert, darf man sich nicht wundern, dass rein gar nichts mehr geht, wenn diese vorgesetzten Kommunikationstalente auch noch Probleme aufspüren sollen, die ihre Mitarbeiter ihnen aus Angst verschweigen. Dabei legen ihnen die Personalmanagement-Experten wärmstens ans Herz, genau hinzuhören und auch den Blickwinkel des Gegenübers einzunehmen. Auf diese Weise könnten Chefs nämlich herausfinden, ob ihre Mitarbeiter ihnen nur sagen, was sie hören wollen – oder auch das, was sie wissen sollten.[16]

Führungskräfte, die für ihre Mitarbeiter grundsätzlich kein Ohr frei haben, sind selbst schuld, wenn sie aus den Augen verlieren, was in ihrem Laden wirklich läuft: »Weil Chefs die kritische Rückmeldung fehlt, schwindet ihr Realitätssinn. Dafür wächst die Selbstüberschätzung, die bis in die Pleite führen kann.«[17] Und auch wenn es so dick nicht immer kommen muss – es sind die Mitarbeiter, die den Führungskräften mit Abstand am genauesten erklären könnten, wo es in der Firma hakt und was man besser machen könnte. Jedenfalls, wenn man sie mal nach ihrer Meinung fragen würde.

»Wer diskutiert hier, Sie oder ich?«

Die Unlust der *Masters,* sich mit ihren Untergebenen überhaupt auf ein Gespräch einzulassen, ist einer der Hauptgründe für die innere Kündigung von Mitarbeitern. Schließlich zeigen sich viele Chefs im täglichen Umgang mit ihren Untergebenen geradezu deprimierend desinteressiert und maulfaul. Das wird nirgends so spürbar wie in den regelmäßigen Teambesprechungen, die es inzwischen in fast jeder Firma gibt. Die pädagogisch wertvolle Anleitung für Vorgesetzte zur Gestaltung von Sitzungen mit Untergebenen: »Lösen Sie Probleme gemeinsam mit den Mitarbeitern, machen Sie Betroffene zu Beteiligten.«[18]

Ein frommer Wunsch. In Wirklichkeit jedoch werden auf diesen »*Meetings*« häufig nur amtliche Mitteilungen von oben verlautbart. Die Mitarbeiter haben zwar theoretisch Mitspracherecht und sollen »offen und ehrlich« ihre Meinung sagen. Doch dann redet im Wesentlichen der Chef; sich selbst hört er schließlich ausgesprochen gerne zu. Kritisches Feedback vermeidet er elegant, indem er entweder gar nicht erst darum bittet oder den ersten Mitarbeiter mit einer eigenen Meinung so abbügelt, dass die anderen lieber gar nicht erst den Mund aufmachen. Oder aber er redet einfach so lange, bis für eine Stellungnahme seiner Untergebenen leider keine Zeit mehr bleibt.

Aufgeklärte Vorgesetzte haben selbstverständlich alle schon mal was von *bottom-up* gehört und erinnern sich dunkel, dass das »Lasst doch auch mal die Belegschaft mitentscheiden« bedeutet. Gelegentlich bemühen sie sich sogar, solche fortschrittlichen Elemente in ihren Führungsstil einfließen zu lassen. Ob ihr Chef sie bei Entscheidungen aus echtem Interesse mitreden lässt oder ob er nur pro forma ein kleines Zielvereinbarungsspielchen veranstaltet, merken die Mitarbeiter dann spätestens daran, wie er mit ihren Ideen und Vorschlägen umgeht. Kluge Chefs lassen sich bereitwillig auf Mitarbeiterideen ein, auch wenn sie ihnen vielleicht nicht ganz so perfekt scheinen. Weniger kluge Chefs murmeln noch nicht einmal ratgebergerecht »Ich werd's mir überlegen«.

Stattdessen ist bei diesen Typen als Antwort im Angebot: »Da haben Sie gerade das Rad neu erfunden, mein Lieber« oder ein mit väterlichem Lächeln garniertes »Das geht so auf keinen Fall, weil ... (bitte passende Belehrung einfügen)«. Wobei in der Regel offen bleibt, ob die Idee tatsächlich nichts getaugt hat oder ob der Chef die stillschweigende Absicht hat, die »völlig untaugliche Idee« auf der nächsten Abteilungsleiterbesprechung als eigene zu präsentieren und dafür Ruhm und Lobpreis zu ernten.

Ein Mitarbeiter macht sich höchstens drei Mal die Mühe, seinem Vorgesetzten eine verheißungsvolle Idee zu präsentieren. Wenn auch das dritte Konzept umstandslos im Altpapier oder in einer geheimen Ideenklau-Sammlung landet, wird es garantiert keine vierte Idee mehr geben. Und wenn doch, wird der Chef jedenfalls nichts von ihr erfahren. Auch dann nicht, wenn ausgerechnet diese Idee ein echter Geniestreich ist, mit der sich der *output* seiner Abteilung sensationell steigern ließe.

Stattdessen steigt höchstens die allgemeine Demotivation. Praktisch denkende Mitarbeiter haben da einen guten Grund, irgendwann jede Form von Eigeninitiative einzustellen. Es ist schließlich immer jemand da, der ihnen sagt, was zu tun oder zu lassen ist. Und wenn gerade kein Oberindianer da ist, warten sie lieber, bis einer kommt.[19]

Desaster Nr. 3: Chefs und Fehler

Ein guter Chef soll seinen Mitarbeitern »Coach«, »Trainer«, »Mentor« sein – von »Strafverfolger«, »Chefkritiker« und »Staatsanwalt« ist nirgendwo die Rede. Für moderne Führungskräfte gehört es nämlich zum Benimm-Standard, auf Fehler von Mitarbeitern halbwegs souverän zu reagieren, anstatt sich beim kleinsten Patzer aufzuführen wie Iwan der Schreckliche.

Nun sind die wenigsten Chefs geborene Pädagogen, wie sich gelegentlich an aufsässigen Kleinkindern und unfolgsamen Rassehündchen in ihrer privaten Umgebung erkennen lässt. Und kaum ein Vorgesetzter bekommt zusammen mit seiner Beförderungsurkunde auch die Anmeldung für ein Didaktikseminar überreicht. Zeit für Erklärungen haben Chefs ohnehin kaum; also sind ihre Mitarbeiter auf »Versuch und Irrtum« als wichtigste Lernmethode am Arbeitsplatz angewiesen. Das ist zwar nicht immer der schnellste Weg zum Ziel, aber im Ergebnis ist es trotzdem durchaus nützlich: Wer keine Fehler macht, lernt nun mal nichts dazu.

Untersuchungen im Bereich Verhaltensforschung haben ergeben, dass manchmal weit über zwanzig Anläufe nötig sind, bis man eine Sache endlich richtig macht.[20] Was übrigens jeder ganz leicht im Eigenversuch feststellen kann: Es reicht völlig, den Papierkorb von der rechten in die linke Zimmerecke zu stellen und dann mitzuzählen, wie oft man gedankenverloren in die falsche Ecke zielt. Unter Stress läuft man obendrein Gefahr, sogar einen längst erkannten Fehler trotzdem noch mal zu machen. Was aber kaum einen Vorgesetzten davon abhält, erstens reichlich Stress zu verbreiten und ihn zweitens durch markige Sprüche wie »Bei mir dürfen Sie schon Fehler machen, aber jeden nur einmal!« noch ein bisschen zu vergrößern.

Wenn Chefs die Stärken ihrer Mitarbeiter anerkennen, anstatt immer nur an ihren Schwächen herumzumäkeln, fördern sie damit Selbstbewusstsein, Leistungsbereitschaft und auch die allgemeine Stimmung im Team. Viele Vorgesetzte finden es dann aber doch zu aufwendig, ständig Stärken zu stärken. Wenn alles gut läuft, ist das bekanntlich selbstverständlich, Kommentare von oben sind also nur im Pannenfall erforderlich. Und wenn der eintritt, wird man als Chef ja wohl das Recht haben, dem Schuldigen ordentlich den Kopf zu waschen. Damit er ein für alle Mal kapiert, was er falsch gemacht hat. Dafür ist Kritik doch schließlich da – oder etwa nicht.

So sehen das jedenfalls die *Masters of Disasters*. Auch sie verstehen sich durchaus als »Trainer«, doch dabei haben sie, nach Ton und Auftreten zu schließen, eher amerikanische Militärausbilder im Sinn. Eine Traumrolle für autoritäre Vorgesetzte: Als Inhaber der absoluten Deutungshoheit entscheiden sie darüber, was richtig und was falsch ist. Und sie dürfen nach Herzenslust – begründet oder auch unbegründet – schreien, strafen, toben, um den Versagern in der Truppe ordentlich Beine zu machen. Selbst wenn die hartnäckig ihre Unschuld beteuern, so haben sie in Zukunft jedenfalls Angst genug davor, aus demselben Grund noch einmal den Zorn ihres Herrschers auf sich zu ziehen.

Der Chef tobt oder: Wie aus einem Problem ein Totalschaden wird

Das Denkmodell der »Pädagogik des Schreckens« ähnelt dem von »Die Erde ist eine Scheibe« – wenn man unbedarft aus dem Fenster guckt, sieht es irgendwie völlig logisch aus, aber es ist trotzdem völlig falsch. Denn einen Wutanfall vom Chef ertragen zu müssen bedeutet Stress pur. Der Körper eines drangsalierten Untergebenen wird mit Adrenalin überflutet, das über Stunden im Blut bleibt. Die Folge: »Eine schlechte Beziehung zu einem Vorgesetzten (kann) uns so zusetzen, dass wir an nichts anderes mehr denken und der Körper sich nicht beruhigen kann.«[21]

Von Fehlervermeidung oder gar Leistungssteigerung unter Chefstress kann also keine Rede sein. Wer sich vom Vorgesetzten ungerecht behandelt oder unter Druck gesetzt fühlt, reagiert stattdessen fast reflexhaft mit einem stundenlangen Leistungsabfall. Er ist verstört, verärgert, trotzig, kurz: absolut konzentrationsunfähig. Und wenn er des Öfteren von oben abgewatscht wird, weicht die Leistungsbereitschaft früher oder später der Vergeltungslust – Studien belegen, dass kontinuierliche Erniedrigung einer der Schlüsselfaktoren für spätere Rache ist, siehe Teil III.

Mit ihren Anfällen schaden solche Chefs übrigens nicht nur der Leistungsbereitschaft ihrer Mitarbeiter, sondern sie schaden auch sich selbst. Auf der philosophischen Ebene könnte man es glatt »ausgleichende Gerechtigkeit« nennen: Wer sich seiner Wut hemmungslos hingibt, baut damit innere Spannung nicht etwa ab, sondern auf, auch wenn Rumschreien sich vielleicht noch so gut anfühlt. Je länger nämlich der Wutanfall dauert, desto mehr Stresshormone werden ausgeschüttet.[22] Das Ende vom Lied: Herzinfarkt und Schlaganfall.

Wie gut, dass da nicht nur die Hausärzte cholerischer *Masters*, sondern auch die Führungsexperten Handlungsbedarf signalisieren. Gerade Letztere wissen nur zu genau, wo es beim Durchschnittschef hakt. Sonst würden sie dem Thema »Kritik und wie man damit umgeht« kaum standardmäßig dicke Kapitel widmen. Die darin erklärten Regeln leuchten selbst tob-süchtigen Vorgesetzten selbstverständlich sofort ein, »das sagt einem doch schon der gesunde Menschenverstand«. Dass die Regeln jedoch nicht etwa nur für ihre eigenen ewig stänkernden Chefs gelten, sondern auch für sie selbst im Umgang mit ihren Mitarbeitern, wird ihrem gesunden Menschenverstand allerdings nur im Ausnahmefall bewusst. Und so herrscht im Reich der Untergebenenfehler nach wie vor der Typ »Iwan der Schreckliche«, der schon von Haus aus finster-drohend dreinblickt und mit missliebigen Untertanen kurzen Prozess macht, sobald sie seinen Unmut erregen. Aus welchem Grund auch immer.

Der Chef als Chefankläger

Zu den beliebtesten »Führungsinstrumenten« dieser Art von Vorgesetzten gehört es, Mitarbeiter bei Verfehlungen (echt oder vermeintlich – egal) vor versammelter Mannschaft lautstark zur Schnecke zu machen. Wenn Kunden oder Geschäftspartner sich kritisch über einen Mitarbeiter äußern, machen sich solche Chefs gar nicht erst die Mühe, den Angeklagten zu befragen. Viel lieber veranstalten sie gleich einen Schauprozess. Ihre Personalführung steht schließlich unter dem Motto *Management by Misstrauen*, und bei diesem Modell gilt für den Untergebenen grundsätzlich die Schuldvermutung.

Die Hobbypsychologen unter den Iwans nehmen tatsächliche, vermeintliche und sonstige Fehler gerne zum Anlass, sich zu einer umfassenden kritischen Persönlichkeitsanalyse des schuldigen Mitarbeiters aufzuschwingen: »Kein Wunder, dass der Kunde abgesprungen ist. Sie sind nun mal ein schwieriger Mensch!« Außerordentlich beliebt ist es auch, Kritik anonymisiert an die Betroffenen weiterzugeben: »Es hat sich schon wieder jemand über Ihren Ton beschwert« oder »Ich habe jetzt schon mehrfach gehört, dass die Leute Sie für extrem unzuverlässig halten«. Diese Methode hat den Vorteil, dass sie die betroffenen Mitarbeiter so schön verunsichert und dadurch zu allgemein fügsamerem Verhalten führt. Auch wenn hinter »schon wieder« und

»mehrfach« nicht mehr steckt als ein Nebensatz eines Kollegen, der ohnehin für sein ständiges Nörgeln berüchtigt ist.

Die ganz Gründlichen unter den Fehlerfahndern forschen bei Pannen gerne stundenlang mit staatsanwaltlicher Akribie nach dem Schuldigen. Wer diese Spielart der »Iwan«-Rolle bevorzugt, ergeht sich häufig in finsteren Drohungen, nach der Devise: »Wenn ich dahinterkomme, dass Sie das wieder mal versaut haben ...« Und er liebt lautstarke Vorverurteilungen à la »Das hat doch mit Sicherheit wieder der Maier verschlampt!«

Sollte sich herausstellen, dass es nicht der Maier war, der die Sache verschlampt hat, sondern der Chef höchstselbst, dann findet der garantiert Mittel und Wege, seinen Eigenanteil an der Sache so weit wie möglich zu vertuschen und dem Maier trotzdem die Schuld in die Schuhe zu schieben. Und wenn das ausnahmsweise nicht klappt, wird das rigorose »Das darf einfach nicht passieren!«, das üblicherweise den Mitarbeitern entgegengeschleudert wird, umständehalber umgemünzt in mildernde Umstände zu eigenen Gunsten: »Das kann doch jedem mal passieren.«

Kritik von oben – ein Katastrophenfilm

Diese allesamt recht eigenwilligen Spielarten aufgeklärten Fehlermanagements finden ihre Krönung in den regelmäßigen Leistungsbeurteilungen, zu denen die Vorgesetzten ihre Untergebenen einbestellen. Die Erfinder dieser Zwangsgespräche hatten bestimmt ganz wohlmeinend das »Fordern, Fördern, Formen«[23] von Mitarbeitern im Sinn. Praktisch denkende Desasterchefs hingegen sehen in der Sitzung einen günstigen Anlass zum Großreinemachen, in deren Verlauf sie dem Untergebenen in einem längeren Monolog aufzählen, was der so alles falsch macht und was demnächst gefälligst besser laufen muss. Am Anfang steht vielleicht als rhetorische Geste sogar ein kleines Lob: »Im Großen und Ganzen machen Sie Ihren Job ja ganz ordentlich«. Als fortschrittlicher Chef weiß man schließlich, was sich gehört. Aber dann geht's kritisch zur Sache. Und für das, was theoretisch sonst noch zu den »Mitarbeitergesprächen« gehört – gemeinsame emotionale Basis herstellen, gemeinsam Probleme lösen –, bleibt leider keine Zeit, weil der Chef dann dringend weg muss oder weil sein Handy klingelt.

Die vielen Fehler der Chefs im Umgang mit den Fehlern der Untergebenen haben Folgen: Erstens muss ein Vorgesetzter, der sich ständig über jeden noch so kleinen Patzer seiner Truppe aufregt, selbst absolut unfehlbar sein. Falls er das nicht ist und auch mal einen Fehler macht, werden seine Mitarbeiter ihn nämlich ohne Hemmungen und mit größter Schadenfreude ins offene Messer laufen lassen.

Und zweitens stehen die Schäden, die die Iwans unter den Chefs anrichten, oft in keinem Verhältnis zu dem Schaden, den der eigentliche Fehler verursacht hat – wenn es überhaupt einen Schaden gab. Wer von seinem Vorgesetzten *ein* Mal wegen einer Lappalie, zu Unrecht oder wegen einer Sache, die der Chef selbst verbockt hat, so richtig abgebügelt wurde, der zieht die Konsequenzen. Fehler wird *dieser* Mitarbeiter in Zukunft nicht mehr zugeben, sondern um jeden Preis vertuschen – auch wenn der Schaden noch so groß sein wird. Seine Motivation pendelt sich unterhalb des messbaren Bereichs ein. Und seine Leistungsbereitschaft orientiert er zukünftig strikt an dem Lehrsatz »Wer nichts macht, macht nichts verkehrt und wird befördert.« Nicht gerade die besten Voraussetzungen für die »innovationsstarken Teams«, die ein Chef heute vorweisen muss, um die eigene Karriere vor dem Absturz zu bewahren.

»Sorry seems to be the hardest word«

Elton John wird kaum verstockte Vorgesetzte im Kopf gehabt haben, als er diesen Song schrieb – aber auf die passt er nun mal wirklich ausgezeichnet. Denn niemand tut sich mit einer klaren Entschuldigung so schwer wie ein Chef, der einen Fehler gemacht hat. Oder besser gesagt: der sich bei einem Fehler hat erwischen lassen. Vorher gibt es ja noch die Hoffnung, dass niemand den Verursacher findet und folglich kein Anlass zu öffentlichen Demutsgesten besteht.

Selbst bei eindeutigen persönlichen Entgleisungen versuchen die *Masters* noch, sich ohne Entschuldigung rauszuwinden. Entweder sie ziehen den Einsatz des E-Wortes schon aus Prinzip nicht in Betracht, man ist schließlich Vorgesetzter. Oder sie liefern wohlfeile Rechtfertigungen gleich mit: »Sie wissen doch, dass ich morgens nie so gut drauf bin!« Oder aber sie blasen im selben Atemzug zum Gegenangriff: »Kann schon sein, dass ich mich in der Wortwahl vergriffen habe – aber ist Ihnen eigentlich klar, welchen Ton *Sie* am Leib haben?«

Überaus beliebt ist auch der Versuch, ganz ohne Worte Schönwetter zu machen. Die *Masters* lassen dann ausnahmsweise alle früher nach Hause gehen, oder sie spendieren wenigstens eine Runde Kuchen. Diese Bemühungen, das peinliche E-Wort zu vermeiden und trotzdem Schuldbewusstein zu demonstrieren, haben anfangs etwas Rührendes. Aber Achtung: Die Rührung weicht irgendwann der Rachelust, wenn sich herausstellt, dass der Chef gar nicht einsieht, warum er auch nur das leiseste bisschen aus seinen Patzern lernen sollte, wo die sich doch mit Fleurop und einem Glas Sekt »sowieso ganz einfach« aus der Welt schaffen lassen.

Desaster Nr. 4: Chefs und Gefühle

»Emotionen«, »Gefühle«, »Einfühlsamkeit« – manche Männer haben im Laufe der Zeit privat so viele Diskussionen zum Thema führen müssen, dass solche Wörter bei ihnen Atemnot, Verdauungsstörungen oder allergische Pustelbildung auslösen. Nun sind in Deutschland die meisten Chefs männlichen Geschlechts. Fürs Berufsleben haben sie sich eine magische Formel zurechtgelegt, die ihnen allergische Pusteln ersparen soll. Sie lautet: »Im Job haben Gefühle grundsätzlich nichts zu suchen.«

Diese Formel ist jedoch nicht magisch, sondern falsch, und auch beschwörendes Aufsagen zur Verankerung im Vorgesetztenhirn bringt sie nicht zum Funktionieren. Das zeigt zum Beispiel die ganz normale Durchschnitts-Chef-Stimmung. Die ist ja auch nicht vom Betreten des Firmengeländes bis zum Dienstschluss formelgerecht neutral, ausgeglichen, stabil, sondern sie schwankt zwischen übellaunig (noch vom Krach am Frühstückstisch), ängstlich (wenn der Großauftrag platzt, platzt auch die Beförderung), freudig erregt (*business lunch* im nobelsten Restaurant am Platze) und wütend (die Sekretärin hat mal wieder alles falsch gemacht). Also Emotionen satt; von staats- oder wenigstens teamtragender Gelassenheit keine Spur.

Was die Chefstimmung mit Grippebazillen gemein hat

Obendrein ist es ausgerechnet der Chef, der in Sachen »Stimmung am Arbeitsplatz« die Hauptrolle spielt[24] und seine Truppe mit Übellaunigkeiten schneller ansteckt als ein Grippebazillus einen Kindergarten. Fazit: Am Arbeitsplatz herrscht die Macht der Chefgefühle. Und letztlich sind die *vibrations* vom Chef dafür verantwortlich, ob eine Kundenanfrage mit Feuereifer beantwortet wird oder aber auf Nimmerwiedersehen im »Kann warten«-Stapel verschwindet; ob die Stimmung in der Abteilung gut ist oder eher an den Kalten Krieg erinnert; ob die Mitarbeiter tun, was der Chef sagt, oder es ganz klammheimlich bleiben lassen.

»Ich bin auch nur ein Mensch!« »Man wird ja wohl auch mal schlechte Laune haben dürfen!« – allseits bekannte und beliebte Standardentschuldigungen von Vorgesetzten für stimmungsbedingte Beschimpfungen, Wutanfälle und andere Entgleisungen aller Art. Und es stimmt ja: Chefs sind auch nur Menschen, mit ganz normalen Problemen von der Beziehungskrise bis zur Steuernachzahlung. Aber deshalb schlechte Laune zu verbreiten kann die *Masters* teuer zu stehen kommen. Es hängt ziemlich viel davon ab, wie sehr sie ihre Launen im Griff haben: Studien zufolge sind Vorgesetzte zu 50 bis 70 Prozent dafür verantwortlich, wie ihre Mitarbeiter das Arbeitsklima beurteilen.[25] Und da das Arbeitsklima starken Einfluss auf die allgemeine Leistungsfähigkeit hat, kann die verheerende Laune vom Chef verheerende Folgen für die Produktivität seiner Truppe haben. Wobei der Schaden umso größer ausfällt, je häufiger die Untergebenen mitbekommen, dass der übellaunige Tyrann, der sie eben noch aus dem Stand zusammengebrüllt hat, kurz darauf wieder bestens aufgelegt in den Hörer flötet, wenn sein eigener Chef am Apparat ist.

Freundlichkeit und andere Vorgesetztentugenden

Theoretisch können Chefs sagenhaft einfach und sagenhaft preiswert Motivation und Leistung ihrer Mitarbeiter steigern. Alles, was sie dazu brauchen, sind ein paar Tugenden, die sie gängigen Benimmführern zufolge sowieso haben sollten (als Vorgesetzter ist man schließlich Vorbild): nämlich Respekt, Höflichkeit und Freundlichkeit. »Es sind vor allem die kleinen netten Dinge, die den Unterschied zwischen einem guten und einem weniger guten Manager ausmachen.«[26]

Zu diesen kleinen netten Dingen gehören zuallererst einmal freundliches Grüßen, herzliche Gratulation zu Firmenjubiläum, Geburtstag und Kindstaufe. Dann und wann ein kleines motivierendes Geschenk von Osterei bis Nikolaus kostet nicht die Welt, hebt die Stimmung aber ganz ungemein. Hilfreich ist auch ein gutes Namensgedächtnis selbst für Untergebene und die Bereitschaft, nicht nur sporadisch einen Fünf-Minuten-Smalltalk zu veranstalten, sondern sich auch in etwa zu merken, was die Mitarbeiter in diesen kostbaren Momenten menschlicher Nähe zum Meister so erzählen.

Das alles ist nicht wirklich schwierig. Weibliche Chefs scheinen auch keinerlei Probleme damit zu haben: Sie mögen in Sachen Zickenterror vielleicht noch so berüchtigt sein, aber für ihr »beziehungsorientiertes Führen« kriegen sie regelmäßig Pluspunkte von den Experten.[27] Und die Mitarbeiter wissen, dass auch ihre männlichen Chefs Asse in Sachen Aufmerksamkeit sein können; immerhin haben sie täglich die Gelegenheit, die ausgesuchte Höflichkeit ihrer *Masters* im Umgang mit Zeitgenossen zu beobachten, die als VIPs für Vorgesetztenkarrieren gelten. Dummerweise ist der Aufwand, den mancher Chef für diese Zielgruppen betreibt, offenbar so groß, dass ihm für nette Gesten auf Untergebenen-Ebene leider keine Zeit mehr bleibt. Und wozu auch? Unter dem Gesichtspunkt der reinen Funktionsfähigkeit der Sachbearbeiterin Müller spielt es schließlich nicht die geringste Rolle, wann sie Geburtstag hat, ob ihre Leidenschaft dem Kino gehört oder der Kakteenzucht und ob ihr Mann (sie hat einen Mann?) Ralf heißt oder Robert. Hauptsache, sie grüßt gefälligst immer zuerst. Und wehe ihr, wenn sie nicht weiß, was sich gehört.

Niemand erwartet von gestressten Vorgesetzten, dass sie einen Abendkurs in Psychologie besuchen, um ihre Mitarbeiter besser zu verstehen. Aber ein Hauch von Einfühlungsvermögen, der darf es schon sein, allein aus strategischen Gründen. Denn wo Sarkasmus, Distanz und Desinteresse herrschen, verwandeln sich frustrierte Untergebene Schritt für Schritt in *Undercover*-Gegner.

Ein bisschen hat sich diese Gefahr inzwischen auch unter den Chefs herumgesprochen. Deshalb mimen sie pro forma Verständnis, nur um dann möglichst schnell wieder zur üblichen Tagesordnung zu kommen, so nach dem Motto: »Ich kann nachvollziehen, was in Ihnen vorgeht, wirklich. Aber trotzdem müssen Sie verstehen, dass. ...« Typisch sind auch Vorgesetzte, die das ganze Empathiegerede zum Anlass nehmen, sich bei ihren Mitarbeitern ungebeten als psychologische Gutachter zu betätigen: »Also, Sie scheinen da ein echtes Problem zu haben« oder »Der Mayer ist so pedantisch, weil er versucht, damit sein inneres Chaos auszugleichen«.

Diese Ansätze lassen noch zu wünschen übrig. Aber solche Hobbypsychologen sind immerhin erträglicher als Chefs, die ihren Mitarbeitern gegenüber ebenso lauthals wie gedankenlos über ihre schlechte Bezahlung jammern. Oder über den Wahnsinnsdruck, die große Sinnkrise, die totale Überlastung und die systematische Demotivation von oben. Mit diesen Problemen haben ihre Untergebenen schließlich auch zu kämpfen. Nur dass sie für dieselbe Plackerei eine ganze Ecke weniger Geld und Anerkennung bekommen.

»Du kannst mich ruhig duzen«

Es gibt Vorgesetzte, die lehnen jeden Anflug von Vertraulichkeit mit ihren Untergebenen rundweg ab und kultivieren lieber ihre Autorität. Und die brauchen sie auch, denn die Kasernenhofatmosphäre, die sie erzeugen, ist nicht unbedingt das Milieu, das ihr Fußvolk zu freiwilligem Engagement inspiriert.

Dann gibt es die Chefs, die mit Nähe nicht das geringste Problem haben. Insbesondere dann nicht, wenn es sich um die Nähe zu jungen, gut aussehenden Praktikantinnen und Auszubildenden handelt. Denen legen sie gerne väterlich-jovial die Hand auf die Schulter, um die Taille oder auch versuchsweise anderswohin – im festen Vertrauen darauf, dass das Mädel schließlich seinen Job behalten will und sich deshalb nicht wehren wird.

Am häufigsten ist jedoch der Cheftyp anzutreffen, der seinen Mitarbeitern großzügig das »Du« anbietet und das stolz für ein Zeichen seines Führungstalents hält. Ob er das hat oder nicht, das stellt sich gewöhnlich heraus, sobald die erste größere Meinungsverschiedenheit naht. Chefs, die nur pro forma auf brüderlich machen, setzen dem Schmusekurs nämlich bei Widerworten oder auch nur kritischen Fragen abrupt ein Ende und lassen wieder den Kommandeur raushängen: »Hier bin immer noch *ich* der Chef, also tu' jetzt bitte endlich, was ich dir sage!«. Diese Typen müssen leider wieder zurück an den Start und vor dem nächsten Anlauf lernen, dass sie nur dann Duzangebote machen sollten, wenn sie auch wirklich in jeder Lebenslage damit umgehen können. Sonst geht der Vorstoß todsicher nach hinten los.

Kastengeist, *made in Germany*

Aufgeklärte Herrscher lassen ihre Bodentruppen durchaus gelegentlich in den Genuss ihrer *Soft skills* kommen. Sie interessieren sich für die Meinung ihrer Mitarbeiter – unverbindlich, versteht sich. Sie lassen ihre Sekretärinnen Geburtstagslisten führen und mischen sich auf

Betriebsfeiern auch mal ein Stündchen unters Fußvolk, bevor sie sich dauerhaft am VIP-Tisch niederlassen. Hinter diesen Gesten steckt jedoch längst nicht immer edle Menschenfreundlichkeit, sondern chefmäßige Gönnerhaftigkeit. Mitarbeiter, die in der Hierarchie unterhalb eines solchen Vorgesetzten stehen, aber fachlich nichts direkt mit ihm zu tun haben, merken das innerhalb kürzester Zeit. Denn solche Cheftypen sind zwar »nett« zur eigenen Truppe. Aber ansonsten grüßen sie »die unteren Chargen« grundsätzlich nie, auch wenn sie auf Ärmellänge an ihnen vorbeilaufen. Sie vergessen die Namen dieser Leute, selbst wenn man sie ihnen schon fünfmal vorgestellt hat. Und falls einer von denen es wagt, sie anzusprechen, machen sie ein Gesicht wie Ludwig XIV. bei einer überraschenden Begegnung mit dem Aushilfskammerdiener.

Leugnen zwecklos: Die Mehrheit der Chefs bleibt, soziale Vorgesetztenverpflichtungen hin oder her, am liebsten unter sich. Die Mitarbeiter werden von oben herab in eine Kaste mehr oder weniger weit unterhalb der eigenen eingeordnet. Und falls es doch mal zu geselligen Begegnungen außerhalb der Unternehmenshierarchie kommt, etwa im Bierzelt oder auf privaten Partys, ist das Staunen groß. Zum Beispiel wenn ein Bewohner der Topetage merkt, dass die überaus nette, kluge und witzige Zufallsbekanntschaft, mit der er sich eine halbe Stunde lang blendend unterhalten hat, nicht etwa auch ein großes Tier ist, sondern sich als Taxifahrer durchschlägt. Theoretisch wird dieser Chef in Zukunft nur noch dieses Taxi buchen und sich auf den Fahrten weiterhin blendend unterhalten. Tatsächlich sucht er sich recht bald einen standesgemäßeren Gesprächspartner.

Kleine Versehen und wie sie entstehen

Dieser Kastengeist nistet sich im Laufe der traditionellen Diagonalkarrieren von links unten nach rechts oben unauffällig, aber unaufhaltsam in den Vorgesetztenköpfen ein. Das Denken in Rangordnungen funktioniert am Ende völlig unbewusst, aber es funktioniert und tritt durch Kleinigkeiten schnell zutage. Typisches Beispiel für die Fettnäpfe, in denen man als *Master* mit Kastengeist täglich landet: Ein Chef will einen anderen Chef in seinem Büro besuchen. Er betritt – grußlos, versteht sich – das Vorzimmer, sieht durch die geöffnete Tür, dass sein werter Kollege gerade nicht da ist, und fragt die Sekretärin in angemessen unwirscher Stimmlage: »Ist hier keiner?«

Die Sekretärin könnte diesen Chef jetzt scherzhaft zurückfragen, ob ihre Anwesenheit vielleicht nicht zählt. Entweder, weil sie ihn behutsam auf eine gewisse Überheblichkeit hinweisen will. Oder weil sie ein abgeschlossenes Philosophiestudium hat – was durchaus im Bereich des Vorstellbaren liegt – und das Thema gerne wissenschaftlich erörtern würde. Aber gewöhnlich wird sie sich solche Bemühungen sparen; die bringen doch nur Ärger.

Stattdessen wird sie diesen Vorgesetzten unter der Rubrik »arroganter Widerling« verbuchen, dessen Informationen an ihren Chef sie nur sporadisch weiterleitet und ihn immer mal wieder aus Versehen aus der Leitung fallen lässt. Und bei zukünftigen Besuchen im Chefzimmer wird er auch vor plötzlichem Ungeschick im Umgang mit einer heißen Tasse Kaffee nie ganz sicher sein können.

Desaster Nr. 5: Chefs und Integrität

Integrität. Ein schönes Wort für viele wertvolle Eigenschaften: Ehrlichkeit, Redlichkeit, Anständigkeit, Verlässlichkeit, Vertrauenswürdigkeit. Das ist der Stoff, aus dem die Vorgesetzten sind. In den Personalmanagement-Handbüchern jedenfalls. In der aktuellen Berichterstattung über den Alltag auf den Topetagen ist dieser Vorgesetztentypus jedoch höchstens in sentimentalen Nachrufen auf Firmenpatriarchen aus der guten alten Zeit zu finden. Die waren zwar vielleicht Kapitalisten der ersten Stunde und führten ein autoritäres Regiment; aber sie kannten andererseits, so die Sage, noch alle Mitarbeiter mit Namen und spendierten ihnen in unverschuldeten Notfällen großzügig Mittel aus der eigenen Privatschatulle.

Wesentlich häufiger sind heutzutage Berichte über Taten, die sich mit Treu' und Redlichkeit nur bedingt vereinbaren lassen: Millionengehälter für Manager, die ihrerseits Nullrunden und Massenentlassungen verordnen; Luxusreisen mit Luxusdamen, bezahlt vom Luxus-Spesenkonto für VIPs und Lobbyisten; unbeschwerter Austausch von kleinen und weniger kleinen Gefälligkeiten auf allerhöchster Ebene.

Kein Wunder, dass sich inzwischen erste wissenschaftliche Arbeiten mit der Ähnlichkeit zwischen Führungskräften und Psychopathen befassen. Eine Vergleichsstudie ergab, »dass die Führungskräfte noch mehr dazu neigten, oberflächlich freundlich, egozentrisch, unaufrichtig und manipulierend zu sein als die Psychiatriepatienten. Die Neigung zu Größenwahn, Ausbeutung und mangelndem Einfühlungsvermögen war bei beiden Gruppen gleich ausgeprägt.«[28] Es geht doch nichts über eine klare Diagnose.

Der Vorgesetzte als Vorbild

So, wie er da oben steht, sieht der Satz ein bisschen nach Klischee aus. Dabei beschreibt er nur wirklichkeitsgetreu den Anspruch der Chefs und die Erwartungen der Mitarbeiter.

Erwartungen, die sich mit Ansprüchen decken – klasse, sollte man meinen, da kann ja nichts mehr schiefgehen. Aber ganz so einfach ist die Sache dann doch nicht. Das wird sofort an dem vergleichsweise harmlosen Vorbild-Bereich Arbeitsorganisation sichtbar: Anstatt ihrem Gefolge durch so respekteinflößende Tugenden wie Zuverlässigkeit, Ordnung und Pünktlichkeit mit gutem Beispiel voranzugehen, geben sich die meisten Chefs lieber zwanglos als mehr oder weniger liebenswürdige Chaoten. Schließlich gehört es zu den Vorrechten der Vorgesetzten, sich immer mal wieder die eine oder andere Freiheit herauszunehmen.

Etwas komplizierter fällt die Antwort auf die Frage aus, inwieweit Chefs *fachlich* ein Vorbild abgeben sollten. Denn einerseits müssen Chefs nun wirklich nicht grundsätzlich alles besser können als ihre Mitarbeiter – dann hätten sie ja vor lauter Fortbildungsveranstaltungen kaum noch Zeit für ihren Job. Außerdem sind fachlich brillante Chefs, die diese Art von Vorbildanspruch tatsächlich erfüllen, oft genug spektakuläre Nieten im Bereich Personalführung.

Andererseits kann es nicht schaden, sich als Chef gelegentlich um eine Auffrischung vorhandener Wissensbestände zu kümmern. Das ist immerhin eine gute Voraussetzung dafür, auch in komplizierteren Sachlagen halbwegs zu verstehen, was die Mitarbeiter eigentlich tun und warum sie es tun. Trotzdem scheinen die *Masters* zu glauben, die vor Jahrzehnten in ein paar Uni-Seminaren erworbenen Kenntnisse seien als intellektuelles Rüstzeug bis zum Erreichen des Rentenalters völlig ausreichend. Doch anstatt diesen Glauben sicherheitshalber für sich zu behalten, lassen sich gerade solche Chefs gerne auf längere fachliche Diskussionen mit ihren Untergebenen ein und wollen dann noch grundsätzlich das letzte Wort haben – Ehre, wem Ehre gebührt.

Eine Ehre mit Nebenwirkungen: Mitarbeiter wünschen sich nämlich Chefs, die wenigstens in etwa den Eindruck erwecken, sie wüssten, was sie tun. Vorgesetzte, die einmal als Dünnbrettbohrer enttarnt wurden, können kaum auf den Respekt ihrer Truppe zählen, bestenfalls auf ein gewisses Mitleid. Und selbst das macht flott flächendeckender Verachtung Platz, wenn so ein Ausbund an Fachkompetenz mit salbungsvollen Worten – »Sie sind doch noch viel zu unerfahren, um das beurteilen zu können« – veraltete Theorien und Erkenntnisse aus der Vorkriegszeit als Argument verwendet. Da freut sich dann immer die Abteilung Klatsch & Tratsch. Denn Geschichten über Chefs ohne jeden Schimmer haben traditionell einen besonders hohen Unterhaltungswert.

Lach- und Sachgeschichten über Vorgesetzte und Visionen

Auch wenn Chefs im fachlichen Bereich nicht unbedingt Vorbild sein können oder müssen – auf der ethisch-moralischen Ebene gibt es für sie kein Pardon. Glaubwürdig sollen Führungskräfte sein, um die in dieser Form noch »nie da gewesene Erosion des Vertrauens der Mitarbeiter in das Management« aufzuhalten.[29] Loyal sollen sie sein, denn »die Loyalität von Vorgesetzten ist ein nicht zu unterschätzender Motivationsfaktor«.[30] Berechenbar sollen sie sein, »denn Unberechenbarkeit in Entscheidungen, Verhalten und Stimmungen vergiftet das Klima und kann dazu führen, dass das Team gelähmt wird«.[31] Und fair sollen sie auch sein, weil motivierte Mitarbeiter ihrer Führungskraft vieles verzeihen, »nur zwei Dinge nie: schlechtes Benehmen und Unfairness«.³²

Erschwerend kommt hinzu, dass Chefs sich gerade unter Druck und in Krisenzeiten besonders vorbildlich im Sinne all dieser wunderbaren Eigenschaften verhalten sollten. Theoretisch gehört es nämlich zu ihrer Führungsrolle, auch im größten Stress noch besonnen, gerecht abwägend, diplomatisch und vorausschauend zu handeln. In der Praxis allerdings nehmen sich die *Masters* in dieser Situation grundsätzlich das Recht heraus, als Erste die Beherrschung zu verlieren.

Die mangelnde Selbstbeherrschung bleibt nicht ohne Folgen. Denn wenn Chefs nicht in der Lage oder willens sind, mit gutem Vorbild voranzugehen, können sie ruckzuck zum schlechten Vorbild werden. Die Mitarbeiter passen nämlich ihr Verhalten dem ihres Vorgesetzten an. Seine guten Angewohnheiten färben ab, seine schlechten aber auch. Also sieht auf Dauer kein Mitarbeiter ein, warum er pünktlich/ordentlich/zuverlässig/loyal/ehrlich/fleißig/freundlich sein sollte, wenn bei seinem Chef all diese Tugenden ganz offensichtlich nur in homöopathischen Dosen aufzuspüren sind.

Ein echtes Vorbild hat natürlich auch Visionen, schon allein wegen der Mitarbeiter. Die brauchen bekanntlich Visionen, die im Einklang mit ihren Hoffnungen und Träumen stehen. Sie brauchen sie allerdings nicht, um zu träumen, sondern um bitteschön möglichst fleißig zu arbeiten. Und die Führungskräfte sind üblicherweise diejenigen, die diese Visionen entwerfen und die Untergebenenschar mit leidenschaftlichen Worten auf sie einschwören. Schließlich springt für die Chefs am meisten dabei heraus, wenn ihre Visionen dafür sorgen, dass der Laden brummt. Deshalb hat heute auch jede bessere Pizzeria ihr eigenes *Mission Statement*, und es gibt kaum noch ein Unternehmen ohne feierlich festgelegte *Corporate Identity*, die sich wortreich um Sinngebung für Mitarbeiter, Kunden und Finanziers bemüht.

Aber Papier ist geduldig, und die edlen Beteuerungen – von »Politik des *Fair Play*«, über »Verantwortung gegenüber der Umwelt und den Menschen« bis hin zu »Für unser Unternehmen ist soziales Engagement mehr als nur ein Wort« – hat in der Regel nicht etwa der Vorstand verfasst, sondern ein Redenschreiber aus der Politik oder ein Werbeprofi. Was an sich nicht weiter schlimm ist – an heiße Luft ist man schließlich inzwischen gewöhnt.

Schlimm wird es erst, wenn die schönen Worte das Büttenpapier nicht wert sind, auf dem sie gedruckt sind, weil hinter den *Mission Statements* überwiegend Führungskräfte stecken, die ihren Mitarbeitern weder übermäßig viel *Fair Play* noch soziales Engagement entgegenbringen und selbst ihr Umweltbewusstsein auf null drehen, sobald es Kosten verursacht. In solchen Fällen wird »die Kraft der Visionen« zum Rohrkrepierer: Anstatt sich begeistert in den Dienst der guten Sache zu stellen, stellen die Mitarbeiter größere Bemühungen weitgehend ein. Schließlich lässt sich niemand gerne für dumm verkaufen.

Edel sei der Chef, hilfreich und gut

Durch unverdauliche Widersprüche zwischen Worten und Taten verschleudern die *Masters* immer wieder gerne den letzten Rest ihrer sowieso nur schwach ausgeprägten Glaubwürdigkeit. Und sie machen ursprünglich topmotivierte Kräfte zu inneren Emigranten, die nicht mehr durch überragende *Job Identification* glänzen, sondern höchstens noch durch den einen oder anderen wohlformulierten Zynismus: »Ich liebe meinen Job. Das Zimmer ist gut geheizt, und man hat ein Dach über dem Kopf.«

Einstellungen wie diese fallen eindeutig unter »Notwehr« angesichts der schieren Menge paradoxer »Prinzipien«, mit denen der Durchschnittsuntergebene tagtäglich konfrontiert wird. Da sind zunächst die Edlen unter den Chefs. Sie predigen ihren Schäfchen das Ideal der Hilfsbereitschaft, insbesondere wenn sie nach Feierabend dringend jemanden brauchen, der auf den letzten Drücker Dinge erledigt, die peinlich lange im »Kann warten«-Stapel des Chefbüros geschmort haben. In Krisensituationen oder wenn größere Ladungen Druckmaterial angeliefert werden, stehen solche *Masters* allerdings tatenlos rum und brüllen lieber: »Tun Sie endlich was!«

Die Gerechten unter den paradoxen Chefs beschwören ständig den Teamgeist, loben aber am Ende doch nur herausragende Einzelleistungen. Im Übrigen haben sie erkennbare Vorlieben für bestimmte Mitarbeiter und genehmigen Urlaubstage, Gehaltserhöhungen und Dienstreisen eher nach Wohlverhalten und Körbchengröße als nach erkennbaren Regeln.

Und dann sind da auch noch die Fortschrittlichen aus der paradoxen Truppe. Sie haben irgendwann mal was über *Management by Objectives* gehört und plädieren jetzt strikt für mehr Eigenverantwortung ihrer Untergebenen. Aber wehe, wenn jemand eigenverantwortlich auch nur die kleinste Kleinigkeit anders macht als vom Chef diktiert oder sich womöglich sogar einen Fehler zuschulden kommen lässt.

So ist es nun mal, das Untergebenendasein – mit Widersprüchen muss man leben. Und trotzdem weiterarbeiten. Das haben wir schon beim Umgang mit Fehlern gesehen: Den Untergebenen darf das nicht passieren, dem Chef hingegen kann das mal passieren, dann ist auf einmal alles halb so wild. Und der »Chefmaßstab – Version für Mitarbeiter« hält noch weitere Überraschungen bereit. So fordern schneidige Vorgesetzte bedingungslose Loyalität, erwarten tägliche Überstunden und ahnden gnadenlos jedes kleine Schwätzchen zwischendurch. Was sie nicht davon abhält, im trauten Plausch unter Kollegen ausgiebig über missliebige Untergebene zu lästern, für halbe Tage mit obskuren Begründungen (»Ich muss kurz außer Haus«) unerreichbar zu sein und ausgedehnte Telefonate mit Kumpels aus Studententagen zu führen.

Nun sind die meisten Mitarbeiter Kummer gewöhnt. Gleichzeitig gibt es jedoch ein paar Chef-Unarten, die Untergebene bei aller notgedrungenen Dickfelligkeit nur ausgesprochen schlecht vertragen. Manchmal geht es nur um Kleinigkeiten: Der Chef nimmt wie selbstverständlich die Flasche Champagner mit nach Hause, die der Kunde eigentlich als kleines Dankeschön dem gesamten Team hatte zukommen lassen. Einladungen zu Cocktailabenden und Empfängen wirft er regelmäßig in den Papierkorb, wenn er selbst nicht teilnehmen kann, anstatt stellvertretend einen verdienten Mitarbeiter hingehen zu lassen, wenn der Anlass es erlaubt. Auf einer Dienstreise schickt der Chef seine Sherpas zur U-Bahn, bevor er selbst ins Taxi klettert. Und an seinem Geburtstag lässt er für die Abteilung großzügig eine ganze Flasche Billigsekt springen, bevor er zur Feier unter seinesgleichen beim teuersten Edeljapaner am Platze eilt.

Misstrauensbildende Maßnahmen

Die Kleinigkeiten wachsen sich zu handfesten Vertrauensbrüchen aus, wenn ein Vorgesetzter seinem Mitarbeiter gegenüber Versprechen bricht (»Klar nehme ich Sie mit auf die nächste Messe!«) oder ihm Chancen verweigert, von denen der Mitarbeiter weiß, dass er sie hat (»Ich fürchte, dass wir in diesem Jahr leider keinen Computerkurs mehr für Sie durchkriegen«). In dieselbe Kategorie gehören Vorgesetzte, die keine Scheu vor Notlügen haben (»Natürlich habe ich mich für Ihre Gehaltserhöhung eingesetzt. Aber es war leider nichts zu machen ...«). Und solche, die sich bei selbstverschuldeten Pannen grundsätzlich hinter ihren Mitarbeitern verstecken: »Ich werde die Schuldigen umgehend zur Rechenschaft ziehen!«

Besondere Erwähnung verdienen an dieser Stelle all jene Manager, die fürsorglich versprechen, dass sie Arbeitsplätze sichern werden, wenn die Belegschaft nur ausreichend Mehrarbeit und Lohnverzicht in Kauf nimmt. Und die dann dank Mehrarbeit und Lohnverzicht die Dividende für die Aktionäre steigern und sich obendrein noch ein Seminar zum Thema »So knacken Sie den Kündigungsschutz von Betriebsräten, Schwerbehinderten und älteren Arbeitnehmern«[33] leisten.

Die Hauptpreise in der Kategorie »misstrauensbildende Maßnahmen« gehen an die Manager, die trotz Rekordgewinnen Standorte dichtmachen. Und an diejenigen unter ihren Kollegen, die jahrelang weitreichende Fehlentscheidungen treffen, später drakonische Kosteneinsparungsmaßnahmen verhängen, geschickt ganze Firmenzweige an Heuschrecken verhökern und sich gleichzeitig im kleinen Kreis fette Gehaltserhöhungen genehmigen. Und das nicht etwa unter Verweis auf herausragende Leistungen, sondern mit einer Standardbegründung aus Sandkastentagen: »Die anderen kriegen schließlich auch viel mehr!« Hut ab vor so viel harter Arbeit.

Vorsicht: Explosiv!

Skandale um Massenkündigungen sind das eine – Skandale um Hartz-Reisen in Begleitung gutgebauter Brasilianerinnen sind das andere. Was solche Eskapaden betrifft, kann man sich nur wundern, wie lange es oft dauert, bis viele nicht wirklich mit den goldenen Worten der Unternehmensphilosophie zu vereinbarenden Verhaltensweisen in der Öffentlichkeit bekannt werden. Und wie leichtsinnig die »Verantwortungsträger« mit ihrer Macht hantieren.

Denn Mitwisser gibt es so gut wie immer. Und zwar nicht nur innerhalb perfekt eingespielter Seilschaften, die schon allein deshalb dichthalten, weil jeder die Leichen im Keller der anderen kennt. Sondern auch unter den Mitarbeitern.

Schließlich bleibt dem engsten Kreis – Sekretärinnen, Assistenten, direkt unterstellte Mitarbeiter – so gut wie nichts verborgen. Entweder, weil sie früher oder später zwangsläufig dahinterkommen. Oder aber, weil ihr Boss sich gar nicht erst die Mühe macht, gewisse zweifelhafte Facetten seines Vorgesetztendaseins vor ihnen zu verbergen.

Da ist zum Beispiel die Sekretärin, die für Geschäftsreisen ihres Vorgesetzten regelmäßig ein Doppelzimmer bucht. Sie ist nicht nur informiert, ob die Gattin oder diesmal vielleicht die Geliebte mitreist, sondern sie weiß vor allem, dass das Doppelzimmer später als Einzelzimmer inklusive Frühstück in der Reisekostenabrechnung auftaucht. Ein bemerkenswert teures Einzelzimmer, sicher, aber so erspart sich der Chef eventuelle Fragen der Buchhaltung nach Sinn, Notwendigkeit, Identität und Kostenbeteiligung der Begleitperson. Die »Vorzimmerfee« weiß natürlich auch, dass hinter der Bezeichnung »Multimedia« auf der Hotelrechnung das private Pay-TV-Vergnügen ihres Chefs steckt.[34] Und in die gleiche Kategorie fallen Spesenabrechnungen über »Geschäftsessen mit VIP-Partnern«, die, wie die Sekretärin ebenfalls weiß, zum fraglichen Zeitpunkt ihrerseits auf Geschäftsreise, auf Klausurtagung in einem italienischen Kloster oder sonst wo waren und daher unmöglich mit dem Chef speisen konnten.

Dann ist da der Assistent, der die Ausschreibung für Teppichböden, Computeranlagen und Firmenwagen verschickt und später mitbekommt, dass am Ende nicht etwa der günstigste Anbieter den Zuschlag erhält, sondern derjenige, der am deutlichsten hat durchblicken lassen, dass er dem Chef sicherlich auch privat immer einen besonders günstigen Rabatt einräumen könnte. Und dann sind da all die anderen aus der engeren Chefumgebung, die im Laufe der Zeit eine umfangreiche Anekdotensammlung über die Selbstbedienungsmentalität ihrer Führungskraft und deren kleine persönlichen Schwächen anlegen, vom regelmäßigen Blick zu tief ins Glas bis hin zur gelegentlichen Bilanzverschönerung.

Längst nicht immer geht es um die ganz großen Verfehlungen, die es bis auf Titelseiten und in die Tagesschau bringen. Doch auch in den kleinen windigen »Das macht doch jeder«-Geschichten steckt genug Sprengstoff. Und der kann für so manche Karriere zum Sicherheitsrisiko werden, wenn Mitarbeiter von den Macken und Machenschaften ihrer *Masters of Disasters* irgendwann die Nase voll haben.

Teil III

Altes Testament, *Business Version:* Auge um Auge am Arbeitsplatz

»Der Tag, an dem deine Mitarbeiter nicht mehr mit dir
arbeiten wollen, ist das Ende deiner Karriere.«[1]
FRED MARO, UNTERNEHMENSBERATER

Das Massenphänomen innere Kündigung oder: Der stille Boykott

Die Untergebenen als Totengräber der Karriereträume vom Chef? – Was Fred Maro da behauptet, wird bei den Entscheidern über Werksschließungen und Massenentlassungen eher Heiterkeit als Angstzustände auslösen. Schließlich ist die Macht mehr denn je mit den Vorgesetzten: Das Kündigungsschutzgesetz löst sich langsam auf in Schall und Rauch, *Mobbing* und *Bossing* sind an der Tagesordnung, um »überflüssiges« Personal kostensparend rauszuekeln, und draußen vor der Tür warten jede Menge Arbeitslose, die sich um Jobs reißen, egal zu welchen Bedingungen.

»Alles Klischees und Schwarzweißmalerei!«, ruft es da empört aus den Topetagen, »Chefs sind schließlich auch nur Mitarbeiter und können von *ihren* Vorgesetzten genauso gnadenlos gemobbt und gefeuert werden!« Stimmt. Und genau das ist sogar der entscheidende Punkt: Selbst für die *Big Shots* unter den Führungskräften gibt es keine Stellengarantie, denn auch sie sind letztlich Mitarbeiter. Mitarbeiter, von denen besonders viel erwartet wird. Der Leistungsdruck in dieser Liga ist groß, und wer dauerhaft hinter den Erwartungen zurückbleibt, der wird heutzutage manchmal schneller »freigesetzt«, als er sich das in seinen kühnsten Alpträumen vorgestellt hätte.[2] Trifft es einen *Master,* dann sicherlich zur großen Freude seiner im Unternehmen zurückbleibenden Untergebenen, die durch kleine, aber feine Guerilla-Aktionen nicht unwesentlich zur schlechten Leistungsbilanz ihres Vorgesetzten beigetragen haben.

Tja. Chefs sind zwar die Herrscher über Abmahnung und Kündigung, aber irgendwelche Mitarbeiter müssen sie schließlich haben, wer soll denn sonst die ganze Arbeit machen. Und wenn diese Mitarbeiter nicht mehr einsehen, warum sie für *den* Laden mehr als das überlebensnotwendige Minimum tun sollten, bekommt ihr Chef irgendwann ein Problem. Womit wir wieder bei Fred Maro wären, siehe oben.

Gelegentliche Ausnahmen zu Maros Regel bezeichnet der EQ-Experte Daniel Goleman recht anschaulich als »Widerling-Paradoxon«.[3] Schließlich schafft es so mancher *Master* allen persönlichen Problemzonen zum Trotz bis an die Spitze von Großkonzernen – doch dafür gibt es laut Goleman ein paar plausible Erklärungen. Zum Beispiel die, dass die Widerlinge von ganz oben so richtig großen menschlichen Schaden »nur« in ihrer unmittelbaren Umgebung anrichten und es daher auch nur begrenzt mit Widerstand und Revolte zu tun bekommen.

Zweite Erklärung: Die Erfolge, auf die solche Typen verweisen können, sind letztlich gar keine. Weil die drastischen Umstrukturierungen und Massenkündigungen zwar zunächst als »Börsenwert steigernd« gefeiert werden, sich jedoch früher oder später als weitreichende strategische Fehlentscheidung erweisen, »hinter der sich der Verlust wertvoller Mitarbeiter verbirgt, der dem Unternehmen in der Zukunft schwer zu schaffen machen wird«.[4]

Ob auf einen »Widerling« nun eher Erklärung eins oder Erklärung zwei zutrifft, das lässt sich gelegentlich in Hintergrund- und Enthüllungsberichten nachlesen. An schillernden Storys über Fettnäpfchen, Skandale und Pleiten rund um »Personen des öffentlichen Lebens« haben schließlich viele Journalisten von Haus aus besonderes Interesse.

Der lange Weg zum Rosenkrieg

Wenn ein Mitarbeiter gut getarnt am Chefsessel sägt, ist dies das Ergebnis einer ziemlich langen Entwicklung. Oder besser gesagt, das Ergebnis einer Beziehung, die aus dem Gleichgewicht gerät. In dieser Beziehung hat zwar formal der Vorgesetzte die Hosen an, aber genau genommen ist er von seinen Mitarbeitern genauso abhängig wie die von ihm: Es hängt letztlich von der Arbeitsqualität der Mitarbeiter ab, ob ihr Vorgesetzter bei seinen eigenen Chefs als fähig oder unfähig gilt. Gleichzeitig müssen die Mitarbeiter ihrem Vorgesetzten schon ein bisschen was bieten, denn sein Urteil ist ausschlaggebend für Beförderungen und Gehaltserhöhungen. Falls der Chef unzufrieden ist, muss der Mitarbeiter seinen Traum von mehr Anerkennung an den Nagel hängen und Abmahnung und Kündigung fürchten.

Mit diesen Druckmitteln zwingen die *Masters* ihre Untergebenen gerne zu einem Endlosspielchen zwischen Zuckerbrot und Peitsche. Selbstherrlich übersehen sie, dass in den Beziehungen am Arbeitsplatz auch die Mitarbeiter eine ordentliche Portion Macht haben. Deshalb kommen sie gar nicht auf die Idee, dass ein drangsalierter Untergebener irgendwann zurückschlagen könnte. Aber genau das wird er höchstwahrscheinlich tun – das Ganze ist nur eine Frage der Zeit. Irgendwann wird er »sich wieder ins Gleichgewicht bringen, seine verletzte Selbstachtung wieder aufbauen. Indem er Sie abwertet. Indem er Sie heimlich betrügt. Indem er Ihnen an einem Punkt die Rechnung präsentiert, wo Sie es *unmittelbar* nicht merken. (...) Den Preis zahlen Sie immer. Jede Buchung hat ihre Gegenbuchung. Sie sehen sie vielleicht nicht sofort, aber Sie können sie an Ihrer Profitrate ablesen.«[5]

Diese Warnung lässt an Klarheit nichts zu wünschen übrig. Neu ist sie auch nicht – Motivationsexperte Reinhard K. Sprenger hat sie schon vor über zehn Jahren an die Türen der Chefbüros genagelt. Neu ist höchstens, dass die Situation am Arbeitsmarkt die Nahkampflage in den letzten Jahren weiter verschärft hat.

Verrat am Vertrag

Es ist gar nicht unbedingt »böser Wille«, der zu Rosenkrieg und Abrechnung im Job führt, sondern eher der Verzicht der Bosse auf ein paar allgemeinere Überlegungen über ihr Verhältnis zu ihren Bodentruppen. Das wird nämlich nicht nur formal durch den Arbeitsvertrag geregelt. Sondern – Überraschung! – als kostenlose Dreingabe gibt es immer auch einen psychologischen Vertrag[6] zwischen Chef und Mitarbeiter. Das ist eine Art stillschweigende Ehrenerklärung beider Parteien. Der wichtigste Punkt lautet, etwas vereinfacht ausgedrückt: Der Mitarbeiter bietet gute Arbeit und strengt sich ordentlich an; dafür bietet ihm sein Chef einen vernünftigen Arbeitsplatz und strengt sich seinerseits an, diesen Arbeitsplatz auch langfristig zu sichern. Das Ganze funktioniert auf der Basis »Vertrauen gegen Vertrauen«.

Aber so ein psychologischer Vertrag ist eine empfindliche Sache. Schon Kleinigkeiten wie der Verzicht auf gewisse Benimmstandards (»Frau Maier, bringen Sie mir den Bericht, aber zackzack!!!«) wecken leise Zweifel an seiner Verbindlichkeit. Je größer die Verfehlungen der *Masters of Disasters,* desto rapider sinkt sein Wert; die Vertrauensbasis bröckelt. Und wenn zu Chefschikanen auch noch Gerüchte über anstehende Entlassungen kommen, ist die edle Ehrenerklärung nur noch gut für den Müll. Mit verheerenden Konsequenzen für Produktivität und Motivation. Unter den Mitarbeitern machen sich in dieser Situation nämlich grundsätzlich lähmende Enttäuschung breit und vor allem das hochexplosive Gefühl, vom Arbeitgeber verraten worden zu sein.[7] Umstrukturierungen, Personalabbau und die damit einhergehenden existenziellen Bedrohungen werden als radikaler Vertrags- und Vertrauensbruch empfunden. Die Folge: Die Mitarbeiter hängen ihre Firmenloyalität verbittert an den Nagel und beschränken sich auf Dienst nach Vorschrift.

Die *Masters* machen sich keine Vorstellung davon, wie sorgfältig man in Mitarbeiterkreisen kleine und größere Vertragsbrüche registriert und im Laufe der Jahre aufaddiert, gerne auch aufrundet. Jeder Führungsfehltritt bleibt garantiert ein unvergessliches Erlebnis; vor allem für schüchterne und rangniedrige Mitarbeiter, denn die haben in der Regel ein besonders gutes Gedächtnis. Und so entwickelt sich ganz allmählich ein Zusammenhang zwischen den täglichen Ungerechtigkeiten, Wutanfällen, Bloßstellungen, Unhöflichkeiten der Katastrophenchefs einerseits und der überall mehr oder weniger konkret vorhandenen Angst vor dem Jobverlust andererseits.

Dieser Zusammenhang hat den hübschen harmlosen Namen »innere Kündigung«, und um ihn überhaupt zu entdecken, muss man ziemlich genau hinschauen. Doch wer das tut, der stellt schnell fest: Still, unauffällig und weitgehend unbemerkt ist die innere Kündigung zum Massenphänomen geworden. Und damit zur unsichtbaren Gefahr für Firmengewinne und Chefkarrieren.

Mitarbeiter im Energiesparmodus

Nach jahrelangem Frust hat man dem Chef endlich ein paar klare Worte gesagt, ihm seine Akten und Auftragsbücher um die Ohren gehauen, die Türe von außen zugeknallt und ist abgehauen, um sich einen besseren Job samt besserem Chef zu suchen.

Innerlich jedenfalls. Doch die Aussichten auf bessere

Jobs stehen nun schon seit längerem eher schlecht, und so bleibt es meistens bei der inneren Kündigung. Die hat zwar den Nachteil, dass man weiterhin jeden Tag zur Arbeit erscheinen muss – aber auch den Vorteil, dass man für einen Bruchteil der früher selbstverständlichen Anstrengungen immer noch dasselbe Gehalt bekommt. Vorausgesetzt natürlich, man verfügt über eine gesunde Mischung aus Schauspieltalent und Dickfelligkeit. Ersteres braucht man, um sich erfolgreich vor der Enttarnung zu schützen. Und ohne Letzteres wird die unterdrückte Verbitterung auf die Dauer unerträglich, sowohl fürs Gemüt als auch für die Gesundheit.[8]

Entgegen anders lautenden Gerüchten ist die innere Kündigung nämlich kein plötzlicher Entschluss nach dem Motto »ein guter Vorsatz fürs neue Jahr«, den Untergebenenjob bis zur Pensionierung so anstrengungsfrei wie möglich auszusitzen. Sie ist auch keine kühl geplante Strategie, durch die sich innerlich feixende Mitarbeiter routiniert das Schmerzensgeld verschaffen, das ihnen ihrer Meinung nach zusteht. Vielmehr haben Forschungen ergeben, dass es sich um eine *Re*aktion auf Dauerfrust handelt, die in erkennbaren Phasen verläuft und sich in der Regel über Jahre erstreckt.

Auf erste Frustrations- und Ohnmachtsgefühle folgen nämlich zunächst verstärkte Anstrengung, erhöhte Kreativität, Gesprächsversuche mit dem Vorgesetzten und andere aktive Bemühungen um eine Verbesserung der Arbeitssituation. Erst wenn sich auch damit »persönlich wichtige Ziele und Motive« nicht erreichen lassen, kommt es zu Resignation und innerem Abschied vom Chef.[9] Bei einigen inneren Emigranten bleibt es dabei. Andere beschränken sich irgendwann nicht mehr darauf, ihren Frust brav runterzuschlucken, um damit ihr Magengeschwür zu füttern. Sondern sie fangen an, Gegenmaßnahmen zu ergreifen.

»Bringt doch eh' alles nix!«

Innerlich zu kündigen, das bedeutet: drin, aber nicht mehr dabei zu sein. Der Spaßanteil am Job schrumpelt in dem Maß, in dem die Frustration wächst. Über den Chef. Über zu viel Arbeit und zu wenig Geld. Über mangelnde Fairness und Entscheidungsfreiheit. Über die Firma als solche. Über den Widerspruch zwischen den persönlichen Erwartungen und der Realität am Arbeitsplatz. Über die Stimmung im Team. Über die hartnäckig ausbleibende Antwort auf die Sinnfrage. Über den fehlenden Einfluss auf vorgegebene Strukturen. Über die täglichen Hindernisse auf dem Weg zur Aufgabenbewältigung. Und über die relative Aussichtslosigkeit, auf diesem Arbeitsmarkt einen besseren Job zu finden.

Wie immer, so ist auch hier letztlich alles eine Frage der Zeit. Es dauert Jahre, bis der Spaßanteil an der Arbeit und die berühmte *Job Identification* vollständig von einer zähen Schicht aus Müdigkeit, Gleichgültigkeit und Frustration bedeckt sind. Wer einmal in diesem Stimmungstief feststeckt, der fährt die eigene Leistung so weit herunter, bis der Arbeitgeber nur noch exakt »das bekommt, was er verdient«. Besonders die Dinge, die Chefs so gerne fordern – Eigeninitiative, Ideen, leidenschaftlicher Einsatz –, werden ersatzlos gestrichen. Wozu auch die ganze Mühe? Als man noch mit Leidenschaft bei der Sache war, wurde man schließlich oft genug zurückgepfiffen.

Mitarbeiter im Dauerfrust haben keine Lust mehr, unentschlossene Kunden doch noch zum Kauf von »Spitzenschnäppchen« zu überreden. Ihre Arbeit erledigen sie im zweiten Gang, wo früher der fünfte für sie selbstverständlich war. Gespräche mit Kunden und Geschäftspartnern beschränken sie auf das Notwendigste, obwohl sie mit fünf Minuten Smalltalk firmenwichtige Beziehungspflege leisten könnten. Nahende Probleme erkennen sie nach wie vor, sehen aber keinen zwingenden Grund, sie rechtzeitig aus dem Weg zu räumen. Und sie sehen auch nicht mehr ein, warum sie sich in irgendeiner Form den Kopf über Firmenfragen zerbrechen sollten, die auch nur eine Handbreit außerhalb ihrer eigenen Arbeitsplatzbeschreibung liegen.

Diese vielen kleinen Unterlassungen können je nach Charakter und Tagesform viele verschiedene Beweggründe haben; die Übergänge zwischen spontanen Reaktionen und bewusstem Handeln sind fließend. An der Wurzel ist jedoch überall dieselbe Grundstimmung der Resignation zu finden. »Bringt doch eh' alles nix«, »Ist mir alles so was von egal« – im Privatleben kann dieser Rückzug in die Null-Engagement-Haltung wackelige Beziehungen endgültig ins Trudeln bringen. In der Geschäftswelt sind die Folgen ähnlich. Nur dauert es etwas länger, bis man sie bemerkt.

Unterlassen, stehen lassen, liegen lassen

So mündet die innere Kündigung allmählich in passiven Widerstand gegen Vorgesetzte und Arbeitgeber. Arbeitsplatzbeschreibungen und autoritäre Vorgesetzte bieten praktische Entschuldigungen für den Dienst nach Vorschrift, von »Dafür bin ich nicht zuständig« über »Befehl von oben« und »Da kann ich leider nichts machen« bis »Dafür werde ich nicht bezahlt«. Der Schaden, der durch die tägliche stillschweigende Verweigerung der Mitarbeiter entsteht, ist – insgesamt betrachtet – riesig für die betroffenen Firmen; gleichzeitig ist er für die Verursacher der Schäden mit höchstens minimalem Risiko verbunden. In Arbeitsplatzbeschreibungen kann nämlich vieles verbindlich festgelegt werden, aber dummerweise nicht der erforderliche Grad an Motivation, Identifikation mit dem Unternehmen, Sorgfalt, Schnelligkeit, Hilfsbereitschaft, Freundlichkeit, Kooperationsbereitschaft und Problemlösungskompetenz.

Diese Eigenschaften bilden sozusagen das Sahnehäubchen, mit dem engagierte Mitarbeiter freiwillig, über die Verpflichtungen des Arbeitsvertrags hinaus, ihre tägliche Arbeit bereichern. Wenn sie sich jedoch von ihren Chefs dauerhaft ungerecht behandelt fühlen, ist Schluss mit dem Sahneservice. Schikanierte Mitarbeiter können das Gefühl der Ohnmacht, das man als Opfer hat, am leichtesten bewältigen, indem sie »zur Strafe« schlicht und ergreifend die Verhaltensweisen einstellen, zu denen sie nicht ausdrücklich vertraglich verpflichtet sind. Psychotherapie im praktischen Do-it-yourself-Verfahren: Mit dem Gefühl, die Kontrolle über das eigene Handeln zu haben, kommt auch das Selbstwertgefühl wieder.[10]

So unscheinbar und selbstverständlich es auch sein mag: Das freiwillig engagierte Verhalten, von amerikanischen Soziologen *organizational citizen behavior* genannt, sorgt dafür, dass der Laden so richtig rund läuft. Gleichzeitig kann der Arbeitgeber genau diese entscheidende Extraportion Engagement nicht hochoffiziell einklagen und ihr Fehlen folglich auch schlecht mit Abmahnung und Kündigung bestrafen. So ein Pech.

Doch die *Masters* haben sowieso keine Ahnung davon, wie es unter der Decke braver Pflichterfüllung vor sich hin brodelt. Denn mangelnde Hilfsbereitschaft, gedankenloser Umgang mit Firmenressourcen, Trödeln im Dienst des Überstundenkontos, kurz: die mehr oder weniger weit gehende Abwesenheit von persönlichem Verantwortungsgefühl für das große Ganze, lässt sich kaum konkret dingfest machen und noch seltener in Euro und Cent berechnen.

Gelegentlich wirft jedoch ein Umfrageergebnis ein Schlaglicht auf die stille Verweigerung in deutschen Büros, Werkshallen und Amtsstuben. So stellt die renommierte Unternehmensberatung Gallup Deutschland in ihrem jährlichen »Engagement-Index« regelmäßig fest, dass frustrierte Mitarbeiter keine Lust haben, sich Familie und Freunden gegenüber positiv über Produkte und Dienstleistungen ihres Arbeitgebers zu äußern.[11] Die Firmen verlieren dadurch preiswerte Werbeträger, die viel mehr konkreten Einfluss aufs Firmenimage hätten als jede noch so teure Marketingaktion. Und das ist nur die eine Seite des Schadens: Wenn die Mitarbeiter aus gegebenem Anlass lieber lästern als loben, wird die giftige Mundpropaganda von Leuten, »die es schließlich wissen müssen«, zum Imagekiller erster Güte.

Und wenn genervte Mitarbeiter aufhören, sich für ihre Firma den Kopf zu zerbrechen, lässt sich der entstehende Schaden sogar halbwegs beziffern: Gallup zufolge sind Mitarbeiter mit hoher emotionaler Bindung an ihren Job wesentlich vorschlagsfreudiger als Mitarbeiter ohne emotionale Bindung. Dank der guten Ideen engagierter Angestellter haben Unternehmen 2004 über eine Milliarde Euro eingespart.[12] Da kann man sich ungefähr vorstellen, welche Beträge Firmen mit insgeheim emigrierten Mitarbeitern Jahr für Jahr ahnungslos zum Fenster rauswerfen.

Von der Topkraft zum Tarnkappenträger

Die innere Kündigung vollzieht sich langsam, lautlos und unter perfekter Geheimhaltung. Mitarbeiter in diesem Zustand haben keine Lust mehr, ihren Verstand für die Firma einzusetzen – aber das heißt noch lange nicht, dass sie keinen mehr haben. Ausgerechnet die Topkräfte, die sich früher rund um die Uhr für die Firma aufgerieben haben, aber inzwischen ausgebrannt, frustriert und illusionslos sind, können sich am besten tarnen; ihr gutes Image von einst wird zur perfekten Fassade.

Sie arbeiten immer noch sichtbar viel und machen sogar die eine oder andere öffentlichkeitswirksame Überstunde (die allerdings nicht unbedingt mit Aktivitäten zum Wohle der Firma verbracht wird). Sie sind »wie immer« erkennbar gestresst, überlastet, zeigen in strategisch wichtigen Sitzungen Engagement, spendieren hier und da eine brillante Idee und liefern sich auch mal ein Scheingefecht mit dem Chef. Mit doppeltem Erfolg: So stellen sie nicht nur eventuellen Zweiflern ihre Motivation unter Beweis, sondern sie beugen sich am Ende edel den besseren Argumenten ihres Vorgesetzten und schmeicheln damit seiner Eitelkeit.

Überhaupt tarnen die inneren Emigranten ihre mangelnde Leistungsbereitschaft nicht selten erfolgreich durch ein ebenso angenehmes wie freundliches Wesen und kultivieren bewusst das Image der »treuen Seele«, die sich sogar noch krank zur Arbeit schleppt. Das macht schließlich besonders viel Eindruck auf die *Masters,* die immer noch glauben, innere Emigranten durch einen Blick auf die Krankenstatistik entlarven zu können.

Subversive Bestseller oder: Anleitungen für den bezahlten Rückzug

Wer in Sachen Tarnung nicht ganz so einfallsreich ist wie die Topkräfte unter den inneren Emigranten, der kann sich leicht bei seinem örtlichen Buchhändler kundig machen. Zwei Titel erklären genau, wie's geht. Geschrieben wurden sie von Experten, die die Mischung aus Machtgebaren, Wortgetöse und allseitiger Inkompetenz ihrer Vorgesetzten jahrelang hautnah miterleben durften. Beide Bücher schafften in Rekordtempo den Sprung auf internationale Bestsellerlisten: »Das Dilbert-Prinzip. Die endgültige Wahrheit über Chefs, Konferenzen, Manager und andere Martyrien« von Scott Adams.[13] Und »Die Entdeckung der Faulheit. Von der Kunst, bei der Arbeit möglichst wenig zu tun« von Corinne Maier.[14]

»Das Dilbert-Prinzip« veröffentlichte Scott Adams

schon vor zehn Jahren. Im Laufe langer Leer- und Wanderjahre in US-amerikanischen Großraumbüros entwickelte er am Rande todlangweiliger Meetings aus reinem Überlebenstrieb die Comic-Figur Dilbert. Die wurde schnell zum Lieblings-Seelenverwandten der internationalen Leidensgemeinschaft frustrierter Untergebener. Dilbert erträgt mit stoischer Gelassenheit die täglichen Launen seiner Chefs und demonstriert ganz nebenbei, wie man den täglichen Wahnsinn am Arbeitsplatz möglichst bequem überlebt, ohne dabei seinen Job zu riskieren.

Das »Dilbert-Prinzip« ist die endgültige Sammlung aller Erkenntnisse zum Thema Schwachsinn vom Chef. Innere Emigranten, die sich bisher das Versiegen ihres Arbeitselans gar nicht richtig erklären konnten und in einer Mischung aus Frust und Selbstvorwürfen festhingen, lernen mit Hilfe dieses leicht verständlichen Werkes, eine genaue Ursachenanalyse ihres Zustands vorzunehmen. Und sie erhalten zahlreiche Anregungen, wie sie sich beim Arbeitgeber klammheimlich Schadenersatz für erlittene Qualen aller Art beschaffen können.

Durch die Dilbert-Formel »Wirkliche Arbeit + Pseudoarbeit = Gesamtarbeitsaufkommen«[15] werden die typischen Folgen der inneren Kündigung in den Rang einer legitimen Selbstverteidigung erhoben: »Versuchen Sie, das *Gesamtarbeitsaufkommen* auf einem gleich bleibenden Niveau zu halten, ohne die wirkliche Arbeit zu erhöhen. Sie erreichen das, indem Sie den Umfang der *Pseudoarbeit* erhöhen. Nutzen Sie dazu die folgenden Tätigkeiten: Surfen im Internet; private E-Mails; Teilnahme an Besprechungen; Unterhaltungen mit dem Chef; Tagungen; Aufrüsten des Computers; Testen neuer Software; Warten auf Reaktionen von Mitarbeitern; Projektberatung; hinter dem Anrufbeantworter verstecken.«[16]

Dem Thema »Arbeit vortäuschen« hat Autor Scott Adams ein ganzes Kapitel gewidmet. Die Strategien, die er empfiehlt, »damit Sie ein zufriedener Arbeitnehmer auf Kosten Ihres Arbeitgebers werden können, der ohnehin keinen so netten Menschen wie Sie verdient«,[17] entwickelte er vermutlich aufgrund genauer Beobachtung der Stressminimierungstechniken, die auf den Topetagen traditionell besonders beliebt sind. Inzwischen jedoch hat sich flächendeckend herumgesprochen, dass man durch kontinuierliches Klagen über zu hohe Arbeitsbelastung, durch Anrufe um die Mittagszeit, wenn garantiert nur der Anrufbeantworter dran ist, durch das vorzeitige Verlassen von Sitzungen mit geschäftigem Gesichtsausdruck und durch den fleißigen Versand von E-Mails vor Morgengrauen oder nach Mitternacht erfolgreich harte Arbeit demonstrieren kann, ohne wirklich hart zu arbeiten.

Vorausgesetzt natürlich, man kümmert sich zu Geschäftszeiten um die richtige Dekoration: »Gehen Sie nie ohne ein Dokument in der Hand über den Flur. Leute mit Unterlagen in der Hand machen den Eindruck hart arbeitender Angestellter, die gerade auf dem Weg zu einer wichtigen Besprechung sind. Wer nichts in der Hand hat, sieht aus, als sei er auf dem Weg zur Cafeteria. (...) Vergewissern Sie sich vor allem, dass Sie massenweise Unterlagen mit nach Hause nehmen. Man wird dann glauben, Sie arbeiteten länger, als Sie es wirklich tun.«[18]

Diese Strategie hat ganz offensichtlich auch Corinne Maier gefallen, die bis Anfang 2006 im mittleren Management des französischen Stromkonzerns EDF beschäftigt war. Ihr Bestseller »Die Entdeckung der Faulheit« ist nichts anderes als ein Aufruf zur massenhaften inneren Kündigung im Dienst der ausgleichenden Gerechtigkeit: »(Das Buch) wird Ihnen helfen, sich des Unternehmens zu bedienen, in dem Sie beschäftigt sind, während bisher lediglich Sie dem Unternehmen dienten.«[19]

Es versteht sich von selbst, dass die Autorin eine genaue Betriebsanleitung für dieses Verfahren gleich mitliefert. Ihrer Leserschaft rund um den Globus rät sie, ohne großen Kraftaufwand Phrasen und Gestik des typischen engagierten Angestellten nachzuahmen, weil der äußere Schein sowieso wichtiger ist als die geleistete Arbeit. Auch sollte man möglichst wenig arbeiten und dafür möglichst viel Zeit in den Aufbau eines nutzbringenden Netzwerks stecken. Einen verantwortungsvollen Posten anzustreben hält die Autorin für eine völlig abwegige Idee, weil damit nur ein bisschen mehr Geld verbunden ist, aber ein Haufen mehr Arbeit. Und ruhiges und unauffälliges Verhalten sei im Übrigen schon deshalb zu empfehlen, weil nur die Exponiertesten unter den Mitarbeitern gefeuert werden.[20]

Wer auf diese Weise seine Stelle gezielt zum weitgehend anstrengungsfreien Brotjob reduziert, der geht, so Corinne Maier, nicht das geringste Risiko ein: »»Sie brauchen keine Unannehmlichkeiten zu befürchten, wenn Sie die ›innere Kündigung‹ vollziehen. Sie sind ohnehin umgeben von Unfähigen und Waschlappen, denen Ihr Mangel an Arbeitseifer kaum auffällt.«[21] Und wenn doch, dann fällt die Schuld garantiert auf den Vorgesetzten zurück – er ist offensichtlich nicht in der Lage, seine Führungsaufgabe zu erfüllen.

Es ist schon erstaunlich. Da hat ein Buch das erklärte Ziel, die Arbeitsmoral seiner Leser zu untergraben und ihnen zu erklären, »wie man das System von innen torpediert, ohne dabei aufzufallen«.[22] Doch dieses Manifest zirkuliert nicht etwa in kleiner Auflage in politisch abgehobenen Revolutionärskreisen, sondern es wurde weit über Frankreich hinaus in den Medien gefeiert und hunderttausendfach verkauft. Deutlicher kann eine Warnung eigentlich gar nicht ausfallen. Vorausgesetzt natürlich, die Adressaten der Warnung lesen »Die Entdeckung der Faulheit« auch, anstatt nur den Titel auswendig zu lernen, um damit beim gepflegten Smalltalk zu glänzen. Doch zu mehr scheint die Zeit der *Masters* nicht zu reichen. Was dann wiederum doch nicht so erstaunlich ist. Zumal einige unter ihnen vollauf damit beschäftigt sind, den eigenen bezahlten Rückzug zu organisieren.

GAU fürs Geschäft: Wenn Chefs heimlich Abschied nehmen

Es ist immer schlecht fürs Geschäft, wenn Mitarbeiter sich zur Leistungsdimmung entschließen, ob aus eigenem Antrieb oder angeregt durch einschlägige Bestseller. Richtig schlimm wird es jedoch erst, wenn auch der Chef selbst klammheimlich den Griffel fallen lässt. Das ist durchaus nachvollziehbar, denn Führungskräfte, die jahrelang das Letzte aus sich und anderen herausgeholt haben, werden nicht selten irgendwann müde und damit zu typischen Kandidaten für innere Kündigung und Burnout. Und wenn es sie erst mal erwischt hat, ist es nur noch eine Frage der Zeit, bis ihre Mitarbeiter sich ebenfalls innerlich verabschieden. Gerade bei der inneren Kündigung von Vorgesetzten besteht nämlich die akute Gefahr der »Multiplikatorwirkung auf nachgelagerte Hierarchieebenen«.[23]

Genau wie seine emigrierten Untergebenen spielt auch der emigrierte Vorgesetzte weiterhin *business as usual*, um nur ja nicht aufzufallen. »Seine Entscheidungen sind auf eine Pseudo-Harmonie ausgerichtet und lassen oft jede Konsequenz vermissen. Er scheut direkte Auseinandersetzungen in Besprechungen und sieht mit falsch verstandener Großzügigkeit über Fehler hinweg. Er kontrolliert nur oberflächlich, äußert selten Anerkennung, kritisiert zwar, aber ohne die notwendige Klarheit (...) und zeigt sich gegenüber den Wünschen seiner Mitarbeiter übermäßig aufgeschlossen.«[24]

Das Ende vom Lied: Hinter der Fassade von Fleiß und Aufopferungsbereitschaft geht ein jeder so ausgiebig wie möglich seinen eigenen Interessen nach. Es bleibt einzig und allein die Frage, wer was über das geheime Innenleben der anderen weiß.

Innere Kündigung, gefühlt und gemessen

Das gefühlte Ausmaß des Phänomens »innere Kündigung« ist riesig, wie sich leicht durch kleine Umfragen im Bekanntenkreis feststellen lässt. Und einmal im Jahr wird sogar genau nachgemessen, von der renommierten internationalen Unternehmensberatung The Gallup Organziation. Der Engagement-Index von Gallup Deutschland, der seit 2001 die emotionale Bindung der Arbeitnehmer an ihre Firma misst, stellt regelmäßig fest, dass gut zwei Drittel der Mitarbeiter auf Energiesparmodus umgestellt haben und keinen Deut mehr als Dienst nach Vorschrift machen: 2004 lag der Anteil der Mitarbeiter mit »geringer emotionaler Bindung« bei 69 Prozent. Das langt vielleicht gerade noch für die Aufrechterhaltung des Betriebs – aber Wachstum und Innovation können sich die Firmenlenker bei solchen Werten abschminken.

Zumal gleichzeitig satte 18 Prozent der Mitarbeiter die Sache mit der emotionalen Bindung sogar komplett an den Nagel gehängt hatten. Sie »haben entweder die innere Kündigung aufgrund von Resignation vollzogen oder hassen das, was sie tagtäglich tun (...). Sie zeigen Verhaltensweisen, die gegen die Interessen des Unternehmens laufen (u. a. Auslöser für Kundenabwanderungen, höhere Anzahl an Fehltagen und niedrigere Produktivität). Sie sind unglücklich mit ihrer Arbeitssituation und lassen dies auch die Kollegen wissen (Gefahr durch Ansteckungseffekt).«[25] Wobei der Massenfrust nur wenig mit der hiesigen Wirtschaftslage zu tun hat – laut Gallup weisen die Mitarbeiter in anderen Ländern unter schwierigen Rahmenbedingungen durchaus einen hohen Bindungsgrad auf.[26]

Die ebenfalls jährlich veröffentlichte Studie von Proudfoot Consulting befasst sich mit einem verwandten Wirtschaftsaspekt, nämlich der Produktivität am Arbeitsplatz im internationalen Vergleich. Ergebnis für Deutschland im Jahr 2004: »Unter Annahme einer Verschwendung von 21,8 Prozent der Arbeitsstunden ergibt sich eine Gesamtanzahl verlorener Arbeitsstunden von 8 636 943 744.«[27] In Worten: über achteinhalb Milliarden Stunden.

Das ist eine ziemliche Menge Zeit, die nutzlos draufgeht. Manchmal natürlich einfach, weil Privates aller Art während der Arbeitszeit erledigt wird, vom Mitbieten bei Ebay bis zum ausgedehnten Telefonklatsch mit der Freundin; auch mangelnde Produktivität wegen einer feuchtfröhlichen Feier am Vorabend geht in die Rechnung ein. Häufiger jedoch hat man ganz brav im Dienst des Arbeitgebers alle Hände voll zu tun, aber es läuft trotzdem auf Zeitverschwendung hinaus; zum Beispiel, wenn man einen Auftrag bekommt, den längst ein anderer erledigt hat, oder wenn zwei Leute aus Versehen genau denselben Auftrag bekommen. Und dann kommt noch die ganze Zeit dazu, die für untätiges Warten und andere »unproduktive Arbeitstätigkeiten« draufgeht.[28]

In diesem Bereich hat Proudfoot einem der berüchtigtsten Zeitkiller sogar ein ganzes Kapitel gewidmet: »Meetings – notwendiges Übel oder wichtiges Management-Werkzeug?« Die Frage ist wohl nur rhetorisch gemeint, denn die Untersuchungsergebnisse lassen an Klarheit nichts zu wünschen übrig: Für fast die Hälfte der beobachteten Sitzungen gab es keine rechtzeitig erstellte Tagesordnung. Und wenn es eine gab, war sie für den Zweck des Meetings ungeeignet. Genauso häufig führten unzureichende Informationen dazu, dass die Mitarbeiter sich am falschen Ort oder zum falschen Zeitpunkt versammelten oder wichtige Mitarbeiter gar nicht zum Meeting eingeladen waren. Bei weniger als einem Drittel der Meetings waren die Teilnehmer vorbereitet oder wurden Protokolle erstellt. Nur 12 Prozent der Sitzungen endeten mit einer klaren Festlegung der nächsten Schritte. Und »in erstaunlichen 73 Prozent der Fälle« wurden die Folge-Aktivitäten nicht eindeutig kommuniziert: Es wurden keine Zeitpläne festgelegt und es gab keine Verfahren zur Überwachung der Ergebnisse.[29]

Für Planung und Leitung dieser »wichtigen Management-Werkzeuge« sind normalerweise führungskompetente Vorgesetzte verantwortlich. Doch in den von Proudfoot beobachteten Sitzungen waren wohl zufällig waschechte *Masters of Disasters* am Werk.

Vom Einzelfall zur Wirtschaftskatastrophe

Ein einzelner »innerer Emigrant« fällt gar nicht weiter auf; schließlich gibt er sich ja auch alle Mühe, genau das zu vermeiden. Aber viele innere Emigranten zusammen ergeben trotzdem eine Wirtschaftskatastrophe. Gallup schätzt den gesamtwirtschaftlichen Schaden, der in Deutschland durch die Bindungsunlust im Betrieb, durch hohe Fehlzeiten und niedrige Produktivität entsteht, auf jährlich zwischen 250,6 und 254,2 Milliarden Euro.[30] Proudfoot Consulting errechnete in seiner »Produktivitätsstudie 2005/06« rund 263,7 Milliarden Dollar,[31] also knapp 9,7 Prozent des Bruttoinlandsprodukts, die durch mangelnde Produktivität in den Sand gesetzt wurden. Zwar nicht ausschließlich durch demotivierte Mitarbeiter und führungsunfähige Vorgesetzte, aber beide spielen im Gesamtbild eine ziemlich große Rolle.

Mangelnde Produktivität und Zeitverschwendung sind nämlich auch Folgen von Demotivation. Und die fällt nicht vom Himmel und überkommt die Mitarbeiter auch nicht wie eine Grippewelle, sondern sie hat konkrete Ursachen. Auf der Liste ganz oben: die Fehlleistungen von Führungskräften und Vorgesetzten. Laut Proudfoot Consulting sind mangelnde Planung und Steuerung die Hauptursachen von Produktivitätsproblemen, dicht gefolgt von mangelnder Führung und Aufsicht. Da heben selbst die sonst so diplomatischen Unternehmensberater warnend den Zeigefinger: »Es besteht die dringliche Notwendigkeit, die Kompetenzen der Führungskräfte zu stärken und Verfahren zu initiieren, die eine kontinuierliche Nutzung dieser Kompetenzen sicherstellen.«[32]

Die Warnung ist offenbar zwingend erforderlich, denn die Aufstellung der von den Proudfoot-Leuten beobachteten »Kompetenzdefizite« zeigt, dass die *Masters* ihrem Ruf selbst dann noch zuverlässig gerecht werden, wenn sie hochoffiziell unter wissenschaftlicher Beobachtung stehen. Spitzenreiter unter den nachweisbaren Defiziten sind unter anderem »mangelndes Verständnis für die Rolle als Coach und Beschützer«, »unklare Anweisungen« und »mangelnde Kommunikationsfähigkeiten«. Ganz nebenbei hat sich auch herausgestellt, »dass rund ein Drittel der Vorgesetzten ein (positives oder negatives) Feedback weder plant, noch verfolgt oder erteilt«.[33]

Diese allgemeinen Proudfoot-Diagnosen werden, was die Situation in Deutschland betrifft, durch die Ergebnisse der von Gallup durchgeführten Mitarbeiterbefragungen geradezu spiegelbildlich bestätigt: »Ein Großteil der Befragten erklärt (...), dass es an Anerkennung und Lob für gute Arbeit mangele, die Förderung der individuellen Entwicklung zu kurz komme, regelmäßiges Feedback über persönliche Fortschritte ausbliebe, sie eine Tätigkeit ausübten, die ihnen nicht wirklich liege, sich niemand im Unternehmen für sie als Mensch interessiere und ihre Meinung und Ansicht kaum Gewicht habe.«[34]

Das Sein bestimmt das Kranksein

Dauerfrust schlägt auf Gemüt und Gesundheit. Demnach müsste der Krankenstand in Deutschland eigentlich ungeahnte Höhen erreicht haben. Für diese Annahme sprechen jedenfalls die Krankmeldungen im AEG/Electrolux-Werk in Nürnberg. Seit dem Ende des spektakulären Streiks im März 2006 und dem endgültigen Aus für das Werk ist dort im Durchschnitt ein Viertel der Belegschaft krankgeschrieben. Das Versprechen der Werksleitung, jedem bis zur Schließung gesunden Mitarbeiter als kleines Dankeschön eine Waschmaschine aus eigenen Beständen zu schenken, konnte daran nicht das Geringste ändern: »Die nimmt keiner an. Wir lassen uns den letzten Rest Stolz nicht abkaufen.«[35]

Wenn – wie bei AEG – der Jobverlust unabwendbar ist, hat kaum jemand Hemmungen, sich krankzumelden. Solange es noch etwas zu verlieren gibt, ist jedoch das Gegenteil der Fall: In wirtschaftlich schwierigen Zeiten schleppen sich die Mitarbeiter normalerweise selbst mit Magenverstimmung und Virusgrippe zur Arbeit, um nicht bei der nächsten Kündigungswelle auf der Abschussliste zu landen. Insofern ist es höchst aufschlussreich, dass Beamte, die Kündigungen bekanntlich nicht zu fürchten haben, ungefähr doppelt so oft krankheitsbedingt ausfallen wie ihre Kollegen in der Privatwirtschaft. »Selbst Angehörige von Stressberufen in der Fleischfabrikation, in Schweißereien oder auf dem Bau verkraften ihren Job offenbar besser als der durchschnittliche Amtmann einer Bundesbehörde.«[36]

Trotzdem fallen Mitarbeiter »ohne emotionale Bindung« laut Gallup mit durchschnittlich acht Fehltagen pro Jahr öfter krankheitsbedingt aus als ihre Kollegen mit »hoher emotionaler Bindung«, die nur sechs Tage wegen Unpässlichkeit fehlen. Wobei allerdings offen bleibt, ob die zwei Tage Unterschied auf »Krankfeiern« zurückzuführen sind oder eher auf psychosomatische Beschwerden, die durch Dauerfrust entstehen.

So oder so – die zwei zusätzlichen Tage kosten die Arbeitgeber allein an Lohn und Gehalt jährlich rund 1,68 Milliarden Euro.[37] Und die indirekten Kosten, die durch längere Bearbeitungszeiten und unzufriedene Kunden entstehen, sind nicht etwa inklusive, sondern kommen noch obendrauf.

Wenn ein frustrierter innerer Emigrant dann irgendwann hochoffiziell seine Sachen packt, ist das Unternehmen zwar einerseits »ein Problem los«, muss aber andererseits zusehen, wie es vor dem hoffnungsvollen Anfang eines neuen topqualifizierten und topmotivierten Mitarbeiters mit ein paar anderen Problemen fertig wird. Insbesondere mit den Kosten für Neuausschreibung, Auswahlverfahren und Einarbeitung des Nachfolgers: Je nach Qualifikationsstufe muss das Unternehmen mit 6000 bis 45 000 Euro rechnen.[38] Und dann ist da natürlich auch der »Verlust von Unternehmenswert als Folge von Know-how-Abwanderung« – häufig zur direkten Konkurrenz.

Jede Menge Kohle – und keiner guckt hin

Blicken wir den Tatsachen ins Auge. Es gibt Hunderte von Büchern und Beratern, die den Führungskräften erklären, was sie im Umgang mit ihren Mitarbeitern alles falsch machen und welche Folgen ihre »kleinen Schwächen« für sie selbst und für die Wirtschaft haben. Es gibt Jahr für Jahr zwei topseriöse Studien, die den phänomenalen finanziellen Schaden ausrechnen, der entsteht, weil besagte Führungskräfte allen schlauen Ratschlägen zum Trotz unbeirrbar weiterhin jede Menge falsch machen. Wenn man den Mittelwert zwischen Gallup und Proudfoot nimmt, ist dieser gesamtwirtschaftliche Schaden höher als der Betrag, den

Deutschlands Privathaushalte 2005 für Nahrung, Getränke und Tabakwaren ausgegeben haben, und der belief sich auf immerhin 195,07 Milliarden Euro.[39]

Das muss man sich mal vorstellen. Da werden Zehntausende entlassen, um die Betriebe »rentabler« zu machen. Und gleichzeitig gibt es Jahr für Jahr einen Wirtschaftsschaden, der so gigantisch ist, dass man von seinem Gegenwert alle privaten Haushalte in Deutschland ein Jahr lang gratis verpflegen könnte, Cognac und Kippen inklusive.

Unternehmensbosse, die einen winzigen Bruchteil dieses Schadens verursacht haben, müssen abtreten, und selbst Ministersessel geraten bei solchen Verfehlungen ins Wanken. Aber in diesem gesamtwirtschaftlichen Katastrophenfall passiert – nichts. Keine fünfteilige Hintergrundberichterstattung in Wochenmagazinen, keine aufsehenerregenden Berechnungen darüber, wie viele Arbeitsplätze man mit der ganzen verschwendeten Kohle eigentlich schaffen oder erhalten könnte, keine Vergleichsprognosen zum Thema »Mehr Rentabilität durch weniger Personalführungsfehler anstatt durch weniger Personal«, kein *Run* auf Personalmanagement-Seminare, keine Reihenuntersuchungen über das Ausmaß innerer Kündigung in den Betrieben und erst recht keine Massenentlassungen unfähiger Vorgesetzter.

Es ist ein Rätsel: Milliarden Euro werden Jahr für Jahr sinnfrei verpulvert, und mit Ausnahme von ein paar Wirtschaftsredakteuren scheint sich niemand dafür zu interessieren. Also geht alles weiter seinen üblichen Gang: Die *Masters* treiben ihre Mitarbeiter durch massive Führungsschwächen zur massenhaften inneren Kündigung. Durch geringe emotionale Bindung und mangelnde Produktivität entsteht jährlich ein Milliardenschaden. Die Erforschung seiner Ursachen hält sich, von Gallup und Proudfoot abgesehen, in Grenzen – und solange niemand etwas gegen die Ursachen unternimmt, wird sich auch am Ausmaß des Schadens nichts ändern.

Massenkündigungen als Brandbeschleuniger

Anstatt ihre Verantwortung für innere Kündigung einerseits und Produktivitätsschwächen andererseits ernst- oder wenigstens wahrzunehmen, begnügen sich die *Masters* noch immer damit, »faule Mitarbeiter« als die üblichen Hauptverdächtigen zu identifizieren. Frohen Mutes gehen sie davon aus, diese »Minderleister« früher oder später durch Abwehrmaßnahmen wie Leistungsbeurteilungen und Controlling enttarnen und bei der nächsten Kündigungswelle rauskegeln zu können.

Führungskräfte unter den Lesern, die diese Ansicht teilen, sollten mit der Lektüre dieses Kapitels sicherheitshalber noch einmal von vorne beginnen. Denn möglicherweise ist ihnen beim ersten Lesen entgangen, dass zu den Wesensmerkmalen der inneren Kündigung die Fähigkeit der *Undercover*-Aussteiger gehört, ihre Leistungsunlust perfekt zu tarnen und sich so vor der Kündigung zu schützen. Wo ganze Arbeitseinheiten stillschweigend »suboptimale Standards« festlegen, beißen sich nämlich selbst eingefleischte Kontrollfreaks die Zähne aus.

Nun wird so mancher Katastrophenchef vermuten, dass die Überlebenden größerer Kündigungswellen den Ernst der Lage erkennen und sich tüchtig abstrampeln, um nur ja ihren Job zu retten. Massenkündigungen als Abschreckung gegen innere Kündigung und Ansporn zugleich, sozusagen. Eine schöne Theorie, die sich die Führungskräfte da zurechtgelegt haben. Doch leider ist sie falsch. Denn anstatt den inneren Abschied zu verhindern und das verbleibende Rumpfteam zu Spitzenleistungen anzutreiben, wirken Kündigungswellen (ob im eigenen Betrieb oder »nur« als Schlagzeile in den Medien) de facto als Brandbeschleuniger. Wenn zum Dauerfrust im Job der Dauerstress mit einem *Master* oder einem kündigungswütigen Personalchef kommt, macht sich unter den Mitarbeitern nämlich nicht Ehrgeiz, sondern eher Zynismus breit: »Was soll die ganze Mühe – irgendwann schmeißen die mich sowieso auch raus.« So werden durch Personalabbau im großen Stil Engagement und Vertrauen der Mitarbeiter vernichtet.[40] Und in der Folge rüstet so mancher innere Emigrant allmählich auf vom passiven zum aktiven Widerstand.[41]

Normalerweise kommen systematische Kündigungen das Unternehmen auf ganz unspektakuläre Weise und nur langfristig erkennbar teuer zu stehen, schlicht durch mangelnde Leistungsbereitschaft und Loyalität der Rest-Belegschaft. Immer häufiger jedoch ist plötzlich, spektakulär und schadenträchtig Zahltag. Etwa wenn einer der »zukünftigen Arbeitslosen« beschließt, es der Firma oder dem Chef nach dem Motto »Ich hab' sowieso nichts mehr zu verlieren« so richtig heimzuzahlen.

Zur Rache, Schätzchen! Von der inneren Kündigung zum kalten Krieg

Als Einführung in dieses Kapitel bietet sich ein kurzer Rundflug über allgemeine Stimmungen und Studien in Sachen »Rache« an. Auf den ersten Blick ist nichts Besonderes zu entdecken, Vertreter der öffentlichen Meinung vom Lehrer bis zum Leitartikler geben sich friedlich und weise: Man sollte sich grundsätzlich nie aus der Fassung bringen lassen, Wut vernebelt den Verstand, und wenn sie verraucht ist, wird dahinter im schlimmsten Fall das Trümmerfeld sichtbar, das die Rache hinterlassen hat. Also lieber besonnen bleiben und Verzeihung statt Vergeltung üben, selbst wenn man ungerecht behandelt wird. Jesus und Gandhi konnten das schließlich auch.

So oder ähnlich reagieren die meisten Leute, wenn sie nach ihrer Meinung zum Thema »Rache« gefragt werden. Doch in der Regel genügt es, nur ein bisschen weiter zu bohren und das hässliche R-Wort durch harmlosere Umschreibungen wie »kleinen Denkzettel verpassen«, »der ausgleichenden Gerechtigkeit nachhelfen« oder »sich nur holen, was einem zusteht« zu ersetzen – und schon wird klar, dass die Rache und der Mensch ein erfülltes Doppelleben führen. Während nach außen fast jeder vorgibt, im Zweifelsfalle lieber die andere Wange hinzuhalten, beherrscht insgeheim nicht selten ein Motto aus dem Alten Testament Gefühle und Gedanken: »Auge um Auge, Zahn um Zahn«.

Im Extremfall kann dieses Prinzip für den Verursacher von Ärgernissen – ob er nun in fieser Absicht gehandelt hat oder nicht – ein überraschend böses Ende nehmen: Ein Rentner stürmt mit Panzermine und Pistole ins Sozialgericht,[42] ein Arbeitsloser geht mit dem Messer auf eine Stellenvermittlerin los,[43] weil ihm ein anderer Autofahrer den Parkplatz weggeschnappt hat, fährt ein Mann den »Dieb« nach dem Aussteigen kurzerhand über den Haufen,[44] nach jahrelangem Streit versucht eine Mitarbeiterin, ihre Kollegin zu vergiften.[45]

»Rache – niemals!« Aber vielleicht ein kleiner Denkzettel?

Racheaktionen erfreuen sich besonders in der Boulevardpresse großer Beliebtheit. Entsprechende Meldungen über körperliche Gewaltanwendung lassen den Leser – je nach persönlicher Einstellung und Beschreibung der Tathintergründe – entweder mit dem Gefühl wohligen Schauderns oder aber eher verstört zurück. Anekdotenhafte Geschichten über »die Rache des kleinen Mannes« hingegen lösen oft spontan klammheimliche Genugtuung aus. Bei

Berichten über einfallsreiche Vergeltungsaktionen verlassener Beziehungspartner kommt nicht selten waschechte Schadenfreude dazu, und die Nachbarn treten an zum Glückwunsch. Der Rächer hat alle Sympathien auf seiner Seite; schließlich kennt fast jeder das Gefühl ohnmächtiger Wut, das hochkocht, wenn man sich ungerecht behandelt fühlt.

Je nach Temperament kann alles Mögliche zu solchen Wallungen führen, zu Adrenalinpegeln auf Hochwasserstand und Herzrasen bis kurz vorm Infarkt. Da ist es nicht weiter erstaunlich, dass in einschlägigen Alltagssituationen selbst erklärte Rachegegner reflexhaft mit Verhaltensweisen reagieren, die letztlich nichts anderes sind als Vergeltung. Typische Beispiele: Ein Autofahrer, der auf der Autobahn einen LKW überholt und dabei von einem Raser mit Blinker und Lichthupe gehetzt wird bis kurz vorm Stoßstangenkontakt, verpasst seinem Verfolger durch Bremsen eine kleine Schrecksekunde und lässt sich sodann mit dem Überholen deutlich mehr Zeit als nötig. Der Bewohner eines Miethauses, der seinem Nachbarn dreimal die Haustür aufhält und dafür nie ein Danke bekommt, lässt bei der vierten Begegnung die Tür vor seiner Nase zufallen. Kunden, die sich in einem Restaurant schlecht bedient fühlen, sorgen mit Schauergeschichten »aus erster Hand« gezielt dafür, dass Freunde und Verwandte garantiert nicht mehr hingehen. Ein Mitarbeiter, der von seinem Chef zu Unrecht abgewatscht wird, vergisst »spontan«, ihm eine brandeilige Info auf den Tisch zu legen; die Sache fällt ihm schon stressbedingt erst einen Tag später wieder ein.

Im kleinen Kreis gibt fast jeder früher oder später zu, dass solche Rachereflexe ihm nicht völlig fremd sind; der eine oder andere bekennt sogar mit einer Mischung aus Scham und Stolz, dass er schon mal jemandem in irgendeiner Form »eins ausgewischt« hat. Wenn es um die Rache unter Ex-Beziehungspartnern geht, ist der Drang nach Vergeltung sogar quasi gesellschaftsfähig geworden. Frauenmagazine nehmen sich des Themas an, und die ehemalige »Mona Lisa«-Moderatorin Sibylle Nicolai schaffte mit Bekenntnissen über die Rache an ihrem prominenten Ex sogar aus dem Stand den Sprung in Talkshows und auf die Titelseite von *BILD*. Ihre freimütige Schilderung diverser Aktionen von »Handy versenken« über »Abführmittel im Frühstückssaft« bis »Liebesnest mit Gammelfleisch verpesten« ist zwar nur einer von zwölf Texten in einem Sammelband,[46] doch er erregte größere Aufmerksamkeit als alle anderen in dem Buch versammelten Berichte zusammen.

Lieber derbe Denkzettel als stilles Leid – das war ganz offensichtlich auch die Devise der rachelustigen Verlassenen, denen der *Stern* im April 2006 eine mit Kettensägen, Ratten und Hundefutter reich bebilderte Titelstory widmete. Die dort abgedruckten Anregungen aus dem Bereich »originelle Vergeltungsaktionen« sind jedoch fast Kleinkram im Vergleich zu der beachtlichen Ideenvielfalt, die in erfolgreichen Rache-Ratgebern wie »Geh zum Teufel, Liebling«[47] zu finden ist.

Mit mühsam unterdrückter Schadenfreude ist in solchen Veröffentlichungen von Fällen die Rede, in denen eine Verlassene mit Schwung drei Liter Lackfarbe über dem Luxus-Cabrio ihres Exmanns ausleert oder ein Gehörnter lieber mit dem Bagger die eigene Villa plattmacht, als sie seiner Ex zu überlassen. Oft geben die Autoren ihrer Leserschaft sogar praktische Racheregeln an die Hand. Am Ende fehlt dann natürlich nie der fürsorgliche Hinweis, man möge sich doch bitte auf Vergeltungsmaßnahmen beschränken, die nicht gegen das Gesetz verstoßen.

Angesichts der Geschichten, die in Literatur und Comics, Film, Fernsehen und Computerspielen erzählt werden, hat diese Form der Doppelmoral etwas rührend Altmodisches: Dort nämlich kommen Helden, denen übel mitgespielt wurde, seit jeher hemmungslos zur Sache. Storys rund um Rosenkriege und Motive wie »Ein Mann sieht rot« sind ein Milliardenmarkt mit einem Millionenpublikum. Wer sich, aus welchen Gründen auch immer, im wirklichen Leben nicht angemessen gegen Ungerechtigkeiten zur Wehr setzen kann, genießt es umso mehr, wenn Widerlinge aller Art wenigstens in Kunst und Kommerz genau das bekommen, was sie verdienen. Rache ist eben ganz offensichtlich rund um den Globus ein gutes Gefühl.

Rache ist tatsächlich süß

Der Volksmund wusste schon immer, dass Rache süß ist. Und entgegen anders lautenden Behauptungen hat er damit offenbar recht. Seit die Wissenschaftler den Menschen mittels Positronen-Emissions-Tomografie direkt in den Kopf schauen können, kommen jedenfalls ganz erstaunliche Dinge zu Tage: Wenn eine Versuchsperson im Experiment jemanden für unfaires Verhalten bestrafen kann, wird ihr Befriedigungs- und Belohnungszentrum im Gehirn aktiviert. Und das fühlt sich dann genauso gut an, wie wenn man ein Geldgeschenk erhält, ein Foto des geliebten Menschen sieht oder Kokain schnupft.[48] Da kann Rache selbst mitten im größten Frust zum Fest für die Sinne werden: »Schon ein kleiner Racheakt bringt die Lustzentren unseres Denkorgans auf Hochtouren wie sonst nur Sex und Essen.«[49] Der Genuss liegt in der Genugtuung darüber, dass das Gleichgewicht zwischen Täter und Opfer wiederhergestellt wurde, frei nach dem Motto »Jetzt sind wir quitt.« Oder, mit den Worten einer Sekretärin, die sich still und regelmäßig für erlittene Qualen rächt: »Das ist zwar fies, aber es tut mir gut.«[50]

Und gut für die Gesundheit ist es auch. Denn wer immer nur schluckt, anstatt sich zu wehren, wird wahrscheinlich zum Dauergast im Wartezimmer. Es drohen Magengeschwüre, Darmerkrankungen und psychosomatische Störungen – davor warnt sogar eine brave Nachmittagssendung im MDR. Um sodann in der Rubrik »Rat und Tat« ausführlich zu erklären, warum Vergeltung gut fürs Gemüt ist und wie sie am besten funktioniert, »damit Ihre Rache ein Erfolg wird«.[51]

Der Verzicht auf Rache als Krankmacher – ein typischer Fall von Übertreibung durch die Medien? Wohl kaum. Vor kurzem erst haben sich Mediziner mit dem Zusammenhang zwischen Gerechtigkeit und körperlichem Wohlbefinden befasst und festgestellt, dass erlittene Ungerechtigkeit die Herzkranzgefäße verstopft.[52] Untersucht wurden ausgerechnet die Reaktionen von Mitarbeitern auf ihre Chefs – womit endlich wissenschaftlich nachgewiesen wäre, was unterdrückte Untergebene schon immer wussten: Die *Masters of Disasters* können einen wirklich krank machen.

Halten wir also fest: Rache tut gut, runtergeschluckte Ungerechtigkeit macht krank. Doch das ist noch lange nicht alles. In letzter Zeit finden die Wissenschaftler auch immer mehr Beweise dafür, dass der Wunsch nach Strafe für unfaires Verhalten tief in der menschlichen Psyche verankert ist. Selbst ein Baby »rächt« sich an seiner Mutter, indem es sie in die Brust beißt, wenn sie das Schreien ihres Sprösslings ewig ignoriert, anstatt endlich zu kommen, um ihn zu stillen. Sinn der Aktion aus psychoanalytischer Sicht: »Das Kind setzt ein Zeichen, das die Mutter davon abhalten soll, es abermals zu verletzen.«[53]

Hinter diesem Verhalten steckt offenbar ein Programm der Natur, das die Bindung zwischen Mutter und Kind stärken soll. Und auf der gesellschaftlichen Ebene gibt es vergleichbare Mechanismen. Die kollektive Erfahrung zeigt schließlich, dass die Menschen auf Kooperation und Gemeinsinn angewiesen sind; Egoismus und mangelnde Fairness bringen da erheblich Sand ins Getriebe. Also werden im Zweifelsfall sogar persönliche Nachteile in Kauf genommen, um einem anderen eins auswischen zu können – und das alles für einen guten Zweck: »Strafe erzieht zur Fairness. Genau darin, das wissen die Forscher inzwischen, scheint der Sinn der Bosheit zu liegen.«[54] Kein Wunder, dass so mancher frustrierte Mitarbeiter geduldig auf eine günstige Gelegenheit wartet, seinen *Master* hintenrum so richtig Mores zu lehren.

Wer Unrecht sät, wird Vergeltung ernten: Untersuchungen über Rache am Arbeitsplatz

Während die deutsche Forschung sich noch überwiegend allgemein mit Mobbing und »sozialen Belastungen« im Job befasst, haben angloamerikanische Wissenschaftler die Rache am Arbeitsplatz schon seit längerem als faszinierendes Forschungsthema für sich entdeckt. Egal, ob es in den einschlägigen Studien nun um *work rage, desk rage, workplace revenge* oder *insidious workplace behavior* geht – die Ergebnisse sind immer gleich. Und zwar gleich schlecht für schlechte Vorgesetzte. Denn für sie gibt es kein Pardon, weder von Seiten der Wissenschaft, noch von Seiten schikanierter Untergebener.

In einer der aktuellsten amerikanischen Studien zum Thema, »*Getting Even for Interpersonal Mistreatment in the Workplace: Triggers of Revenge Motives and Behavior*« von David A. Jones,[55] gingen Racheaktionen der Mitarbeiter in 90 Prozent der Fälle eindeutig auf kontinuierliche Schikane von Vorgesetzten zurück. Jones' ausführliche Interviews mit Mitarbeitern, die vom Opfer zum Rächer wurden, lassen keinen Zweifel: Wenn ein Chef sich seinen Untergebenen gegenüber unkorrekt verhält, muss er damit rechnen, dass diese irgendwann zurückschlagen, Punkt.[56]

Das einzig wirklich Erstaunliche an dieser Vorhersage ist, dass offensichtlich kaum ein *Master* sich ernsthaft Gedanken über die Gefahr macht, in der er und seine Karriere da schweben. Denn auch wenn die Wissenschaft gerade erst Beweise für Süße und Sinn der Rache findet – dass Menschen sich gegen Ungerechtigkeit wehren, ist nun wirklich seit Menschengedenken bekannt. Wer in Geschichte geschlafen hat, braucht nur eine Zeitung aufzuschlagen, um das zu begreifen. Oder sich mal mit offenen Augen in seiner Firma umzuschauen. Denn auch da spielt der Wunsch nach Gerechtigkeit eine entscheidende Rolle.

Die Mitarbeiter erwarten nämlich, entsprechend allgemeiner moralischer Standards mit Respekt oder wenigstens Höflichkeit behandelt zu werden. Racheforscher Jones lässt keinen Zweifel daran, dass Chefs, die so weit nun wirklich nicht gehen wollen, schon von Haus aus als ungerecht gelten – *Masters,* die einmal diesen Ruf weg haben, müssen also mit einem erhöhten Racherisiko leben. Das steigt umso rasanter an, je öfter sie aktiv »psychische Grundbedürfnisse« ihrer Untergebenen verletzen.

Wenn ein Chef etwa einen Mitarbeiter vor anderen zur Schnecke macht, landet er, so Jones, in Sachen gefühlte Ungerechtigkeit garantiert einen Volltreffer. Wer angebrüllt, verspottet, beleidigt, bloßgestellt oder sonst wie erniedrigt wird, erlebt das als Frontalangriff auf Ego und Selbstbewusstsein, fühlt sich hilflos und ausgeliefert. Vor anderen – Kunden, Kollegen, Mitarbeitern – in dieser Opferrolle dazustehen, löst zudem heftige Schamgefühle aus und die Angst, an Ansehen und Status zu verlieren.

Das unter *Masters* so beliebte – und gelegentlich sogar ausdrücklich empfohlene[57] – Zusammenfalten vor der gesamten Truppe ist fatal. Denn Mitarbeiter, die auf diese Weise öffentlich erniedrigt werden, fühlen sich, moralisch gesehen, völlig im Recht, wenn sie Rache nehmen. Vergeltung kann, so Jones, geradezu als »moralischer Imperativ« angesehen werden, als notwendige Bestrafung eines Regelverletzers im Namen der Gerechtigkeit.[58] Auch die Wahrnehmung der anderen spielt wieder eine Rolle: Wer zurückschlägt, schüttelt das Opfer-Image ab und stellt die eigene Ehre wieder her. Darüber hinaus dient Rache auch als Warnung für die Zukunft – der Rächer macht unmissverständlich klar, dass *so* niemand ungestraft mit ihm umspringen kann.

In seiner Studie schildert Jones sehr genau die verschiedenen Motive und Auslöser für Rache am Arbeitsplatz. Auf einer allgemeineren Ebene wurde jedoch auch schon in früheren wissenschaftlichen Veröffentlichungen auf den Zusammenhang zwischen Ungerechtigkeit und Vergeltung hingewiesen. So warnte der Management-Experte Joel H. Neuman bereits im Jahr 2000 anlässlich einer Konferenz zum Thema *workplace bullying:* »Ungerechtigkeit kann zu Rache, Sabotage, Blockadepolitik, Diebstahl, Vandalismus, passivem Widerstand, übler Nachrede, Beschwerden, Zynismus und Misstrauen führen.«[59] Um seiner Warnung Nachdruck zu verleihen, erwähnte er in diesem Vortrag übrigens in einem Atemzug auch Recherchen von Fachkollegen, wonach ein Flugzeugabsturz in Kalifornien, der Brand eines Hotels in Puerto Rico und selbst das Chemie-Unglück in Bhopal auf nachhaltig verärgerte Mitarbeiter zurückzuführen seien, die »noch eine Rechnung zu begleichen hatten«.

»Dem werd' ich's heimzahlen!«

Wenn jemand vom Chef angegriffen wird, reagiert er unwillkürlich mit Feindseligkeit, Ärger und körperlichen Stresssymptomen – ein idealer Nährboden für Rachefantasien. Trotzdem kommt es, so Racheforscher Jones, nur selten zu sofortiger Vergeltung. Derartige Aktionen haben meistens eine lange Vorgeschichte, sprich: Die Mitarbeiter schlucken ihren Ärger viel mehr und viel länger herunter, als eigentlich zu vermuten wäre. Im Schnitt braucht es ein ganzes Jahr fortgesetzter Ungerechtigkeiten, bis die Leidensfähigkeit eines Mitarbeiters erschöpft ist. Erst dann begräbt er seine ursprünglich meist neutrale bis gute Meinung über seinen Vorsetzten endgültig und beginnt, ernsthaft Rachepläne zu schmieden.

Entscheidend für das Ausmaß an Wut, das letztlich zur Rache führt, ist nicht so sehr der Grad empfundener Ungerechtigkeit, sondern der Eindruck, dass der Vorgesetzte mehrfach ganz bewusst, absichtlich bösartig und gegen jede gesellschaftliche Anstandsregel gehandelt hat. Die Wut ist noch deutlich steigerungsfähig, wenn der Chef so tut, als ob nichts gewesen sei (eine bekannte Spezialität der *Masters*), und eine angebrachte Entschuldigung verweigert.

Kontinuierliche Vorgesetztenschikane bleibt unter Umständen zunächst ungestraft, etwa wenn das Opfer zu viel Angst vor den Folgen seiner Rache hat oder fürchtet, »dem Typen da oben« doch nichts anhaben zu können. Es wird allerdings lange, sehr lange geduldig auf eine günstige Gelegenheit warten, es seinem *Master* heimzuzahlen. Und diese Gelegenheit wird sich garantiert früher oder später bieten, denn man trifft sich im Leben bekanntlich fast immer zwei Mal. Vielleicht erst Jahre später und vermutlich erst dann, wenn der Chef den eigentlichen Anlass lange vergessen hat. Pech für ihn, wenn er zu dem Zeitpunkt sowieso angeschlagen ist und eine Schwächung seiner Position am allerwenigsten gebrauchen kann: »Es ist wie mit einem schwächelnden Boxer. Ist er erst angezählt, traut sich der Gegner aus der Deckung.«[60]

Wer nicht notgedrungen auf eine günstige Gelegenheit warten muss, der wird häufig durch den berühmten Tropfen, der das Fass zum Überlaufen bringt, sprich: durch einen als besonders schlimm empfundenen Vorfall, vom Racheplaner zum aktiven Rächer. Bis zur Vergeltung vergehen allerdings noch mal bis zu drei Wochen – eine Phase, die

Jones mahnend als letzte Gelegenheit für eine Entschuldigung des Vorgesetzten bezeichnet. Danach geht's rund. Wenn auch nicht unbedingt nach dem klassischen Auge-um-Auge-Prinzip. Denn oft können drangsalierte Untergebene aufgrund ihrer Position die Schikane nicht umgehend in gleicher Münze heimzahlen. Stattdessen revanchieren sie sich mit unauffällig-giftigen Maßnahmen wie gezielter Rufschädigung, Diebstahl, Sabotage. Und das nach dem Motto »Einmal ist keinmal«: Laut Jones neigen viele Rächer zu Mehrfachaktionen. Die Revanche zieht sich im Schnitt sechs Monate hin, kann aber auch deutlich länger andauern.

Vergeltung repariert Ehre sowie Selbstwertgefühl der Rächer und erfüllt ihren Wunsch nach ausgleichender Gerechtigkeit: »Der soll jetzt mal genau das zu spüren kriegen, was er mir angetan hat!« Wobei die Studien von Jones belegen, dass Mitarbeiter durchaus nicht nur »in eigener Sache« zum Rächer werden, sondern auch ganz uneigennützig, um andere zu rächen oder aber vor Schikane zu schützen. Solche Mitarbeiter sägen mit Vorliebe gezielt an der Karriere ihrer *Masters,* etwa durch Datenmanipulationen oder durch diskrete Hinweise auf peinliche Verfehlungen an die Firmenspitze. Die Absicht ist eindeutig: Dieser Chef soll gefeuert werden. Denn ist er erst mal weg vom Fenster, kann er dem Rächer und seinen Kollegen mit Sicherheit nichts mehr anhaben.

Wenn der Chef seine Leute zur Weißglut bringt

In Deutschland haben die Psychologen Peter Essinger und Monica Krissel in zwei großen, überwiegend internetgestützten Studien[61] die Formen und Folgen von Ungerechtigkeit am Arbeitsplatz unter die Lupe genommen. In einem Interview mit der Autorin haben sie ihre wichtigsten

Erkenntnisse zusammengefasst. Was Unrecht und Vergeltung im Job betrifft, so bestätigen sie, sind ungerechte oder unfähige Chefs eindeutig selbst schuld, wenn es irgendwann für sie ganz dicke kommt. Zumal sie sich ihren Untergebenen gegenüber offenbar schlimmer aufführen denn je: »Angesichts der erhobenen Daten scheint es nicht allzu gut um die Gerechtigkeit in Organisationen und Unternehmen zu stehen. Und was von einigen Teilnehmern der Studie über Schikanen, ungerechte Behandlung bis hin zu schweren Misshandlungen berichtet wurde, machte uns schon fassungslos. Es scheint, als fielen in diesen Zeiten der Massenarbeitslosigkeit alle Hemmungen.«

Für diese Hemmungslosigkeit, so die beiden Psychologen, kriegen die *Masters* höchstwahrscheinlich irgendwann die Quittung: »Vor allem wahrgenommene Ungerechtigkeit im zwischenmenschlichen Umgang erhöht drastisch die Bereitschaft, Vergeltung zu üben. Missachtungen der *Verteilungsgerechtigkeit* – also faire Gegenleistungen für erbrachte Arbeit – bewirken das auch, jedoch in geringerem Maße. Dies ist möglicherweise dadurch zu erklären, dass es bei zu geringer Entlohnung leichter ist, Gründe zu finden, diese Ungerechtigkeit zu entschuldigen. Da wird dann statt des Arbeitgebers zum Beispiel ›die Globalisierung‹ oder ›der Markt‹ für die zu geringen Löhne verantwortlich gemacht.«

Die beiden Sabotageforscher haben jedoch genau wie ihr amerikanischer Kollege Jones festgestellt, dass früher oder später Schluss ist mit den mildernden Umständen: »Solche ›Entschuldigungen‹ für ungerechte Behandlung stoßen irgendwann an ihre Grenzen, und dann stellt sich die Frage: ›Aktive Wiederherstellung der Gerechtigkeit‹ oder ›passives Erleiden‹. Vorstellungen, dass es klar voneinander zu trennende Gruppen gibt – die einen, die alles entschuldigen oder stumm erdulden, und solche, die für jede Ungerechtigkeit Rache üben –, dürften nach den Ergebnissen unserer Studien wirklichkeitsfern sein. Angemessener scheint da die schöne ›Popcorn-Metapher‹ der amerikanischen Vergeltungsforscher Folger und Skarlicki: Nicht alle Maiskörner platzen zur gleichen Zeit auf; einige benötigen mehr Hitze und Zeit als andere, und nur einige wenige platzen nie, sondern verbrennen.«

Wenn Mitarbeiter irgendwann »platzen« vor Wut und Rachelust, dann ist, das zeigen die Studien von Krissel und Essinger ebenso wie die Studie von David Jones, in erster Linie der Chef schuld: »Zwischenmenschliche Ungerechtigkeit durch direkte Vorgesetzte oder Personen, die als stellvertretend für die Organisation gesehen werden, erhöhen am stärksten die Wahrscheinlichkeit für Sabotage und *displaced aggression*, also das ›sich abreagieren‹ an anderen, meistens an wehrlosen ›Sündenböcken‹. Vereinfacht ausgedrückt: Von den verschiedenen Formen erlebter Ungerechtigkeit führt unfaire Behandlung durch den Chef – wie zum Beispiel mangelnde Anerkennung, respektloser Umgang, Unfreundlichkeit oder Missachtung von Rechten – am wahrscheinlichsten zu organisationsschädigendem Verhalten.«

Ungerechtigkeit im Unternehmen bleibt also auf Dauer selten ungestraft. Die beiden Psychologen haben zwar festgestellt, dass sie – anders als bei Schikane vom Chef – Vergeltung wegen Verletzungen der Fairness auf der Belohnungsebene, bei Entscheidungswegen oder in punkto Arbeitsplatzsicherheit nur in etwas geringerem Maß vorhersagen können. »Das heißt jedoch nicht, dass Gerechtigkeit in diesen Bereichen keine Rolle spielt. Die Strategie mancher Unternehmen und Organisationen, Verstöße gegen Fairness und Gerechtigkeit mit Schauspielerei aus der ›*Impression-Management*‹-Schulung, mit jovialem Getue, Dauerlächeln oder Schein-Mitwirkungsmöglichkeiten zu kaschieren, kann zum Gegenteil dessen führen, was beabsichtigt war, und besonders drastische Vergeltungsmaßnahmen bewirken.«

Optimisten könnten natürlich argumentieren, dass die glücklichen Inhaber eines Arbeitsplatzes bestimmt schon allein deshalb jeden Anflug von Rachelust runterschlucken, weil sie mit den entsprechenden Aktionen nicht nur ihrem Vorgesetzten schaden, sondern auch ihren Kollegen und ihrem Unternehmen; letztlich setzen sie ihre Stelle aufs Spiel. Aber mal abgesehen davon, dass selbst der Verzicht auf Gegenwehr bekanntlich keine Jobgarantie zur Folge hat, lassen fantasiebegabte Mitarbeiter sich gerne wohldosierte Racheaktionen einfallen, mit denen sich garantiert kein unschuldiger Außenstehender, sondern einzig und allein ihr Terrorchef ganz persönlich rumschlagen muss. Darüber hinaus sind die möglichen Folgen der Rache dem Rächer ab einem gewissen Punkt nun mal herzlich egal. Dann geht es nur noch darum, offene Rechnungen zu begleichen und die eigene Ehre wiederherzustellen, egal um welchen Preis.

Wie egal der Preis manchmal ist, das konnten vor nicht allzu langer Zeit Millionen von Zuschauern live im Fernsehen verfolgen, als Zinédine Zidane im Finale der Fußball-Weltmeisterschaft 2006 vor den Augen der Welt durch seinen Kopfstoß gegen Marco Materazzi in Sekundenbruchteilen nicht nur die Gewinnaussichten seiner Mannschaft, sondern auch seine eigene Abschiedsvorstellung ruinierte. Ein folgenschwerer Reflex zwischen Unbeherrschtheit und Rachelust – aber es ging nun mal um die Ehre.

... und zum Abschied ein kleines Geschenk

Zwei Mitarbeiterkategorien ist der Preis der Rache ganz besonders egal. Denen, die zwar noch im Betrieb sind, aber ihrem Katastrophenchef die Kündigung auf den Tisch gelegt haben. Und denen, die von ihrer Firma die Kündiung erhalten haben.

Wer den Dauerfrust im Job durch Verlassen des Unternehmens beendet, der macht nicht selten schon den Moment der Kündigung zum Akt der Vergeltung: Er sucht sich einfach die arbeitsintensivste Zeit des Jahres aus und lässt seinen Chef mit dem größten Vergnügen im Regen stehen. Die Kündigungsfrist wird durch das längst überfällige Abfeiern von Überstunden und hier und da ein ärztliches Attest zur Erholung von den körperlichen und seelischen Strapazen genutzt, die der Job mit sich gebracht hat. Und die restlichen Tage am Arbeitsplatz eignen sich perfekt dazu, der ausgleichenden Gerechtigkeit endgültig zu ihrem Recht zu verhelfen. Die Bilanz zwischen *Master* und Mitarbeiter wird ausgeglichen, Genugtuung und Wiedergutmachung sind angesagt.

Dieser Job ist sowieso schon fast Vergangenheit; es gibt also bei unauffällig angelegten Racheaktionen kaum noch etwas zu verlieren, bei unauffällig angelegten »Transferleistungen« hingegen vielleicht noch eine Menge zu gewinnen. Schließlich ist die Chance groß, dass so mancher Verlust erst bemerkt wird, wenn der Verursacher nicht mehr festzustellen ist. Das Kopieren von Kundendateien und Informationen, die für den nächsten Posten interessant sein könnten, gehört in diesem Zusammenhang schon fast zum Standard. Darüber hinaus gönnt man sich gerne das eine oder andere »Abschiedsgeschenk« aus Firmenbeständen. Lagerräume, Keller und Abstellkammern bieten gewöhnlich eine reiche Auswahl attraktiver Mitnahmeobjekte, die so schnell niemand vermissen wird, vom hochwertigen Lieferantenpräsent bis zum gerahmten Kunstdruck. Wer hier zugreift, leidet nur selten an schlechtem Gewissen – schließlich wird der zukünftige Ex-Arbeitgeber als Dankeschön für die jahrelange Anstrengung sowieso nicht viel mehr bieten als einen feuchten Händedruck.

Legal, illegal, eh' egal

Von unfreiwilligen Entschädigungsleistungen kriegt der Chef eher selten etwas mit, sieht man von mysteriösen Inventurdifferenzen mal ab. Unübersehbar und oft unübersehbar folgenträchtig sind hingegen die Reaktionen gefeuerter Mitarbeiter. Die absolut harmloseste Variante ist es, den Chef vor dem Arbeitsgericht zu verklagen. Anstatt sich ergeben in ihr Schicksal zu fügen, kämpfen die Gekündigten um ihren Job, um Abfindungszahlungen oder wenigstens um ein besseres Zeugnis. In erster Linie geht es dabei um nicht weniger als die Existenzgrundlage. Doch es gehört nicht viel Vorstellungsvermögen dazu, die Enttäuschung, den Ärger und die Ressentiments eines Mitarbeiters nachzuempfinden, der gegen seine Kündigung klagt. Wer hier seinem Ex-Arbeitgeber im Namen der Gerechtigkeit eins auswischen kann – und sei es »nur« in Gestalt einer kostenpflichtigen Niederlage vor Gericht –, wird kaum darauf verzichten.

Also kommt es inzwischen ausgesprochen oft zum Gang vor den Kadi.[62] Am Arbeitsgericht Hannover etwa sind die Klageeingänge von 7919 im Jahr 2000 auf 8857 im Jahr 2004[63] angestiegen, ein Plus von 12 Prozent. Am Arbeitsgericht Köln ist der Trend zwar leicht rückläufig, befindet sich aber mit 13 500 Urteilsverfahren im Jahr 2005[64] nach wie vor auf Rekordniveau. Viele Arbeitnehmer sind schließlich glänzend auf den Ernstfall vorbereitet: Gewerkschaften bieten ihren Mitgliedern Rechtschutz bei Konflikten am Arbeitsplatz, und immer mehr Mitarbeiter schließen – wen wundert's – im Hinblick auf eventuelle Auseinandersetzungen mit ihrem Arbeitgeber vorausschauend eine Rechtschutzversicherung ab.

Die Versicherungen wiederum haben drangsalierte Untergebene als Kundenschicht entdeckt und werben teilweise gezielt damit, dass ihre Produkte auch Schutz vor Ungerechtigkeit am Arbeitsplatz bieten. In der entsprechenden Werbung werden potenziellen Kunden dann schon mal unter der warnenden Überschrift »Das alles kann passieren« einschlägige Krisenszenarien geschildert, etwa: »Sie sollen abhanden gekommenes Werkzeug oder abhanden gekommene Waren ersetzen« oder, ziemlich allumfassend: »Streit mit Ihrem Arbeitgeber wegen Kündigungsschutz, Abmahnung, Überstundenvergütung, Vorruhestandsregelung, Zeugniserteilung, Urlaubsgeld, betrieblicher Altersversorgung oder wegen einer Versetzung«.[65]

So ein Prozess vor dem Arbeitsgericht kostet den Arbeitgeber Zeit, Geld und Nerven. Doch das sind letztlich *peanuts* im Vergleich zu ernsthafter Vergeltung. Die spektakulärsten Enthüllungen, die größten Sabotageakte, selbst Brandstiftung und Mordkomplotte sind auffallend häufig auf gekündigte Mitarbeiter zurückzuführen. So spendierte ein gefeuerter Systemadministrator dem betriebsinternen Netz auf einen Schlag 11 000 Viren.[66] Ein entlassener Brite schickte seiner Exfirma mit Hilfe eines gängigen Mail-Bomben-Programms in vier Tagen fünf Millionen E-Mails.[67] Und Behauptungen über Geheimkonten, die ein ehemaliger Buchhalter in seiner Kündigungsschutzklage (!) machte, bescheren einem renommierten Autokonzern möglicherweise Steuernachzahlungen im dreistelligen Millionenbereich.[68]

Jenseits solcher schlagzeilenträchtigen Geschichten wird auch in Kurzmeldungen und vermischten Nachrichten gerne über Vergeltungsaktionen von Gefeuerten berichtet: Ein gekündigter Mitarbeiter demoliert die Limousine seines Ex-Chefs;[69] ein gefeuerter Lehrling setzt ein Autohaus in Brand;[70] ein gefeuerter Mitarbeiter fährt mit Vollgas und Gabelstaplern eine Papierfabrik in Trümmer;[71] ein gefeuerter Arbeiter zündet das Haus seines Chefs an.[72] Tatmotiv in allen Fällen: Rache.

Der Preis der Rache oder:
Die Rechnung, bitte!

Die Erkenntnisse der Rachetheoretiker, die Studien von Arbeitspsychologen und die Schlagzeilen aus der Praxis – zusammengenommen sind diese Daten nichts anderes als die gelbe Karte für die *Masters* dieser Welt. Und es würde Platzverweise nur so regnen, wenn die wirtschaftlichen Schäden, die jeder Einzelne von ihnen jeden Tag anrichtet, auf Euro und Cent berechnet werden könnten. Doch so weit ist die Forschung (noch) nicht.

Konkrete Faktoren wie Ressourcenverschwendung, Diebstahl, »Zeitdiebstahl« und Sabotage können immerhin wenigstens ansatzweise erfasst werden. Die immateriellen Schäden hingegen sind höchstens dunkel zu erahnen: Wie lassen sich Kosten schätzen, die durch rufschädigenden Klatsch, ausbleibende Rückrufe und Unterschlagung wichtiger Informationen entstehen? Wie hoch ist der Preis für den Arbeitgeber, wenn seine Mitarbeiter sich untereinander den Frust von der Seele reden und damit allmählich das Betriebsklima nach unten ziehen? Wie hoch wären die Gewinne, die sich durch sensationelle Produktvorschläge und Verfahrensverbesserungen findiger Mitarbeiter erzielen lassen könnten – wenn die ihre Ideen nicht aus Frust für sich behielten?[73]

Solche im wahrsten Sinne des Wortes unfassbaren Kostenfaktoren dürften der Schrecken jeder Buchhaltung sein. Andererseits ziehen die Finanzexperten der Unternehmen schlechte Schätzwerte gar keinen Schätzwerten eindeutig vor. Weshalb der Stanford-Professor Robert I. Sutton in seinem Buch »Der Arschloch-Faktor. Vom geschickten Umgang mit Aufschneidern, Intriganten und Despoten im Unternehmen« der Frage der »AGKs« (Arschloch-Gesamtkosten) generalstabsmäßig auf den Grund geht. In einer ausführlichen Checkliste für einschlägig gefährdete Unternehmen listet er nicht weniger als 34 unterschiedliche Kostenfaktoren auf, von »höhere Personalfluktuationen« bis, jawohl, »Kosten der Vergeltungsmaßnahmen vonseiten der Opfer gegenüber der Organisation«.[74]

Ein Milliardengrab, kein Zweifel. Doch die *Masters* haben Glück. Erstens kann man sie persönlich kaum für ihren konkreten Anteil daran verantwortlich machen, wenn noch nicht mal das Gesamtausmaß genau feststellbar ist. Der von Sutton beschriebene Fall eines Spitzenmanagers, dessen »AGKs« eine genervte Unternehmensführung auf 160 000 Dollar kalkulierte und ihm 60 Prozent dieses Betrags von seinem Jahresbonus abzog, ist zwar eine überaus interessante Anregung, aber gegenwärtig trotzdem die Ausnahme.[75] Zweitens wird über betroffene Firmen und Vorgesetzte in den wenigen Untersuchungen, die es überhaupt zum Thema gibt, schon »aus Rücksicht auf die Betroffenen« grundsätzlich nur im Schutz völliger Anonymität berichtet. Und drittens halten sich die einzigen Beteiligten, die zur Überführung der Verdächtigen beitragen könnten, in der Regel sehr bedeckt: Drangsalierte Mitarbeiter jammern zwar gerne über ihre Chefs, doch ihre kleinen Aktionen im passiven und aktiven Widerstand, die behalten sie in der Regel lieber für sich. Damit schützen sie allerdings nicht nur sich selbst, sondern ungewollt auch ihre *Masters*. Denn wenn in den einzelnen Unternehmen Ursachen und Folgen rund um die Rache weitgehend im Dunkeln bleiben, kann es weder Schadensmessungen noch Schuldfeststellungen geben.

Haben Sie sich schon mal an Ihrem Chef gerächt?

Der Kenner genießt und schweigt: Mitarbeiter, die einem ungerechten Vorgesetzten »einen Denkzettel verpasst« haben oder entsprechende Pläne schmieden, reden darüber gar nicht oder nur im allerkleinsten Kreis. Doch auch Interviews zum Thema »Rache am Chef« lassen schon außerordentlich tief blicken. So bat die BBC 2004 in einem Online-Beitrag um Antworten auf die Fragen »Haben Sie sich schon einmal an einem Chef oder Kollegen gerächt?« und »Wurden Sie am Arbeitsplatz schon einmal ungerecht behandelt?«[76] Insgesamt 16 der eingegangen Kommentare wurden veröffentlicht. Ergebnis: Nur zwei Umfrageteilnehmer äußerten sich generell kritisch über Racheaktionen. Sechs Teilnehmer gaben an, unter ungerechten Chefs oder Kollegen zu leiden. Einer beichtete Rachepläne. Und sieben weitere schilderten Vergeltungsaktionen – nicht ohne genau zu erklären, mit welchen Schikanen ihr Chef sie dazu getrieben hatte. Manche ihrer »Denkzettel« waren eher »harmlos« wie der offenbar beliebte Einsatz von Abführmitteln und das systematische Verstecken von Arbeitsmaterial; in gleich zwei Fällen gelang es den Rächern jedoch nach eigenen Angaben, ihren *Master* durch gezielte Hinweise an die Personalabteilung und die Firmenspitze binnen kürzester Zeit loszuwerden.

Die Stichprobe des BBC-Beitrags ist zwar recht klein und wurde nicht nach wissenschaftlichen Regeln erhoben, aber zwei Rückschlüsse lässt sie trotzdem zu: Die große Mehrheit der Vorgesetzten verbreitet Frust statt Frohsinn unter den Mitarbeitern. Von den Gepiesackten wiederum ist offenbar fast die Hälfte früher oder später bereit, sich in irgendeiner Form zu rächen. Eine Meinungsumfrage, die 2006 von www.badbossology.com in Kanada durchgeführt wurde, führte zu ganz ähnlichen Resultaten: Knapp die Hälfte der befragten Mitarbeiter gab darin an, es schlechten Chefs schon mal heimgezahlt zu haben. Darunter 48 Prozent durch gezielte Rufschädigung, 34 Prozent durch Einschalten des Chefs vom Chef und 14 Prozent durch Hinwerfen eines Projekts oder sogar Kündigung in einer besonders arbeitsintensiven Phase.[77]

Die Job-Guerilla oder:
Die unterschätzte Gefahr

Die Ergebnisse der Forschung zum Thema »Rache am Arbeitsplatz« zeigen: Vergeltungsaktionen vom Büromaterialklau über Klatsch & Tratsch bis zu Betrug und Sabotage werden nur selten von Neurotikern und Kriminellen verübt.[78] Nicht »von Natur aus vorhandene charakterliche Schwächen« machen Mitarbeiter zu Untergrundkämpfern in eigener Sache, sondern schlicht die Macken der *Masters*. Erst kontinuierlich erfahrene Ungerechtigkeit treibt ganz normale Durchschnittsmenschen dazu, sich irgendwann aktiv um ausgleichende Gerechtigkeit zu bemühen – schon allein, um die Selbstachtung nicht zu verlieren. Da passt es ins Bild, dass Menschen mit geringem Selbstwertgefühl verstärkt zu Racheaktionen neigen.[79] Dasselbe gilt für Mitarbeiter, die Angst vor ihrem Vorgesetzten haben.[80]

Bisher unbeantwortet ist allerdings die Frage, wie groß eigentlich das Rachepotenzial unter *weiblichen* Mitarbeitern ist. Bekanntlich haben sie es mit Spielarten der Ungerechtigkeit zu tun, deren Ausmaß sogar regelmäßig hochoffiziell vermessen wird, von der berühmten »gläsernen Decke« bis zum ungleichen Lohn für gleiche Arbeit.[81] Entsprechend groß dürfte das Frustreservoir der Frauen sein. Zumal sie mit ihren typischen unteren und mittleren Positionen in besonderem Maße typischer Vorgesetztenschikane ausgesetzt sind und sich verletzende Erlebnisse generell viel mehr zu Herzen nehmen. Gleichzeitig gelten sie in Sachen Rache als ausgesprochen kreativ; und einer Medienmeldung zufolge haben 80 Prozent von ihnen in ihrem Leben schon mindestens einmal Rache geübt.[82] Alles in allem täte also mancher *Master* gut daran, das lammfromme Lächeln seiner »Mädels« im Zweifel eher als Zeichen drohenden Unheils denn als Beweis seiner herausragenden Personalkompetenz zu werten. Die eine oder andere seiner »Perlen« könnte nämlich eines Tages überraschend die Nase voll haben und beschließen, die Welt an ihren intimen Kenntnissen über Schein und Sein deutscher Führungskräfte teilhaben zu lassen.

Schüsse aus dem Vorzimmer

Es muss dieses überwältigende »Ich hab's so was von satt!«-Gefühl gewesen sein, das eine der Chef-Sekretärinnen im Top-Management dazu brachte, unter dem Pseudonym »Katharina Münk« eine Generalabrechnung mit den Pfeifen in den Vorstandsetagen vorzunehmen. Ihr Buch »Und morgen bringe ich ihn um!« stand wochenlang auf den Bestseller-Listen – und allein die Tatsache, dass sich ein Werk mit einem so radikalen, um nicht zu sagen: rachelustigen Titel so gut verkauft, ließe sich eigentlich als Menetekel bezeichnen. Offensichtlich spricht die Autorin Tausenden von Leidensgenossinnen aus der Seele, wenn sie feststellt, dass sich die *Supermen* der deutschen Wirtschaft hinter den getäfelten Türen ihrer Büros regelmäßig in *Cavemen* verwandeln. Sie diktieren ihre Briefe gerne angeregt Konferenzgebäck kauend, haben bei Geschäftsreisen hauptsächlich Erreichen und Erhalt des »Senator«-Status sowie die Verbesserung ihres Meilen-Kontos im Blick, widmen sich mit kindlicher Freude stundenlang der Auswahl eines möglichst edlen Papiers für ihre Visitenkarten, gehen zweimal wöchentlich während der Arbeitszeit zur Maniküre und spielen im Übrigen ihrer Familie den gestressten Manager vor, während sie in Wirklichkeit überwiegend damit beschäftigt sind, sich mit den lieben Kollegen über die besten Restaurants an den schönsten Dienstreisezielen dieser Welt auszutauschen.

Auch die allseits beliebte Inanspruchnahme der Sekretärin für private Dienste aller Art kommt bei Katharina Münk nicht zu kurz: »(Die Sekretärin) begleitet die Sprösslinge des Chefs über deren Kindheit und Pubertät hinaus mit diversen Unterstützungsmaßnahmen: von der Hüpfburg-Anmietung, Versorgung mit Malblöcken und Eddings aus dem Büromaterial-Fundus, Eingabe des Hockey-Trainingsplans in Excel, Organisation des Internat-Aufenthalts, Eventmanagen des 18. Geburtstags bis hin zum Kaufen, Anmelden, Versichern des ersten PKW und zur Gestaltung der optisch einwandfreien Bewerbungsmappe. Alle während dieser Lebensstationen anfallenden Post- und Paketsendungen inbegriffen. Für die ganze Familie. Über die hausinterne Poststelle. Kostenlos für den Versender, nicht für die Firma.«[83]

Zu den Privatvergnügen, die sich die Entscheidungsträger gedanken- oder hemmungslos von der Firma finanzieren lassen, gehört wie selbstverständlich auch das Gehalt der Sekretärin; schließlich wird sie mit schöner Regelmäßigkeit während der Arbeitszeit als persönliche Dienstbotin eingesetzt. Professioneller Ehrgeiz ist da völlig fehl am Platze: »Eigentlich möchten wir nichts lieber, als zusammen mit unseren Chefs den Börsenwert des Unternehmens zu steigern. Und am Ende helfen wir ihnen doch nur beim Auffüllen des heimischen Weinkellers.«[84]

Auf den ersten Blick beschränkt Katharina Münk sich auf Anekdoten und gepflegten Galgenhumor. Choleriker wie der Chef eines mittelständischen Unternehmens, der sie wegen einer selbstständig getroffenen Entscheidung im Herren-WC-Bereich vor versammelter Mannschaft zusammenbrüllt, kommen nur am Rande vor. Trotzdem ist verdächtig oft und verdächtig realitätsnah von Fassungslosigkeit, hilflosen Tränenausbrüchen und kalter Wut die Rede, wenn die Autorin die Reaktionen der »Vorzimmermädels« auf die Ein- und Ausfälle der Topmanager schildert. Und an diesen Stellen ist plötzlich ganz konkret der Nährboden für die Vergeltung spürbar, von dem die Rachetheoretiker sprechen – insofern ist die Lektüre des Buches für Führungskräfte unbedingt zu empfehlen.

Die werden möglicherweise zunächst schmunzeln über die eher »niedlichen« Racheaktionen, zu denen sich die Autorin bekennt: von der versehentlich in den *Le-Corbusier-Grand-Confort-Chair* geschütteten Dosenmilch (»Wir haben sie nie ganz aus den Ritzen bekommen«) bis zum während einer Sitzung dem Chef überreichten Blatt, dem auch seine Sitznachbarn auf den ersten Blick entnehmen können, dass er bitte dringend die Lern- und Entwicklungstherapeutin seines Sohns zurückrufen möge.

Das ist sie, die kleine Rache für zwischendurch. Zum Schmunzeln besteht trotzdem kein Anlass. Denn Münk – oder besser gesagt die anonym bleibende Vorstandssekretärin hinter diesem Pseudonym – bezeichnet solche Aktionen entlang der Leitlinie »*don't get mad, get even*«* als »indirekte Schüsse« und fügt fast kokett hinzu: »Wir sind Frauen. Wir ballern nicht sinnlos drauflos, wir arbeiten mit Schalldämpfern und geben nur gezielte Schüsse ab.«[85]

Das kann im Einzelfall durchaus böse enden. Als sie es mit einem besonders üblen *Master* zu tun hat, beschließt Frau Münk, dass es diesmal mit Flucht durch Jobwechsel nicht getan ist: »Ich wollte mehr. Nicht nur meine Kündigung, sondern auch seine. (...) In mir war die Robin-Hood-Komponente aktiv geworden, Zivilcourage für ein höheres Ziel sozusagen.«[86] Rache ohne jeden Eigennutz, um die im Unternehmen verbleibenden Kollegen vor weiteren Schikanen zu schützen – das bestätigt die Erkenntnisse der Rache- und Bestrafungsforscher bis ins letzte Detail. Übrigens genau wie der gewählte Racheweg: Gezielte Hinweise und die Weiterleitung kompromittierender Unterlagen an die Firmenleitung erwiesen sich nicht nur bei anonymen Befragungen zum Thema Vergeltung am Arbeitsplatz, sondern auch bei Katarina Münk als Mittel der Wahl.

Zumal ihr die Personalabteilung sogar ganz unver-

---

* Reg dich nicht auf, sondern räch' dich lieber

blümt einen lukrativen Deal anbot. Es kommt nämlich offenbar durchaus vor – *Masters,* aufgepasst! –, dass Unternehmensführer froh und dankbar über jeden sachdienlichen Hinweis sind, der zur sofortigen Kündigung eines firmenberüchtigten Katastrophenchefs führen kann.

Mit der Anti-Bully-Beratung gegen den Boss

Anstatt Bücher wie »Und morgen bringe ich ihn um!« wenn schon nicht zu lesen, so doch wenigstens aufgrund des Titels als kleine Warnung zu begreifen, gehen die Katastrophenchefs weiterhin frohgemut davon aus, dass eventuelle Feind/innen in ihrem Team ihre Position sowieso nicht ins Wanken bringen können. Sie sonnen sich im Glanze ihrer Vorgesetztenmacht – und übersehen völlig, dass auch kleine Feinde lästig bis gefährlich werden können. Wie übrigens jeder weiß, der einmal in einer Moskito-Gegend unterwegs war.

Dabei muss ein unterdrückter Untergebener in manchen Gegenden der Welt gar nicht erst Moskitoqualitäten entwickeln – nämlich überall dort, wo er die Möglichkeit hat, per Mausklick von vornherein Beistand gegen schlimme Chefs zu bekommen. In Nordamerika zum Beispiel haben sich private Institutionen darauf spezialisiert, den Opfern von *Bossing* und *Bullying* – so die englischen Fachbegriffe für die Schikanen tyrannischer Chefs – online mit Rat und Tat zur Seite zu stehen. Im Mittelpunkt stehen Tipps, die auch in Deutschland als Gegenmaßmahnen gegen Mobbing verbreitet sind: einschlägige Vorfälle genau aufschreiben, Zeugen für Aussagen gewinnen, Arzt und eventuell auch Psychologen konsultieren, einen Anwalt suchen, mit den eigenen Kräften haushalten.

Bis hierher wird das alles einen echten *Bully* nicht erschüttern. Wenn Mitarbeiter sich jedoch auch an die Empfehlung halten, Fehlverhalten ihres Vorgesetzen so oft wie möglich offiziell bekannt zu machen und belastendes Material aller Art gegen ihn zusammenzutragen,[87] kann es schnell hochgradig peinlich für ihn werden. Wer sucht, der findet bekanntlich, und je enger die Arbeitsbeziehung zum Chef ist, desto mehr gibt es zu entdecken. Von den kleinen kompromittierenden Geheimnissen, die die Mitarbeiter sowieso schon lange kennen, aber bisher stillschweigend gedeckt haben, mal ganz zu schweigen. Das ist der Stoff, aus dem die Hinweise auf Verfehlungen sind, die dann irgendwann bei Personalchefs und Firmenvorständen eingehen.

Darüber hinaus bündeln die Anti-Bully-Beratungen einschlägige Einzelfälle geschickt und öffentlichkeitswirksam zu einem betriebswirtschaftlichen Problem, das jeden Unternehmer betrifft; Internet macht's möglich. Über Online-Umfragen sammeln die Beratungen Daten, sowohl zu den verbreitetsten Schikane-Strategien als auch zu den Auswirkungen von *Bossing* auf die gesundheitliche Verfassung der Opfer.[88]

Die können durch die Teilnahme an solchen Umfragen nicht nur dazu beitragen, dass das Thema in der Öffentlichkeit die gebührende Beachtung erhält. Sondern sie erhalten durch die Fragebögen auch detaillierte Listen physischer und psychischer Symptome, von Schlafstörungen und Konzentrationsproblemen über Schweißausbrüche, Magen-Darm-Probleme und Haarausfall bis zu Angstattacken und allgemeiner Antriebslosigkeit. Wer diese Listen studiert, wird womöglich zum ersten Mal so richtig begreifen und in Worte fassen können, welche Auswirkungen der permanente Frust am Arbeitsplatz auf sein Wohlbefinden hat. Und was er unbedingt ansprechen sollte, wenn er von Ärzten, Betriebsärzten und Psychologen untersucht wird, die über Atteste, Gutachten und Arbeitsunfähigkeitsbescheinigungen entscheiden.

Obendrein haben die Anti-Mobbing-Organisationen

das riesige Geschäftspotenzial entdeckt, das in Beratung und Besserungsseminaren für die *Masters of Disasters* steckt. Also wenden sie sich nicht etwa nur an Mobbing-Opfer, sondern ganz geschäftstüchtig auch an die Arbeitgeber von Schikane-Chefs. In ihren Seminarangeboten listen sie mahnend typische direkte und indirekte Kostenfaktoren auf, die sich die Unternehmen durch schlechtes Führungspersonal selbst einbrocken: Umsatzverluste, Abwanderung der besten Mitarbeiter, Sabotage, erhöhter Krankenstand, Rufschädigung, Prozesskosten, Entschädigungszahlungen.[89] Das schreit geradezu danach, das schöne Geld gezielt in Gegenmaßnahmen zu investieren. Praktischerweise bieten die Anti-Mobbing-Organisationen die gleich mit an. Zum Beispiel ein umfassendes »Aktionsprogramm für einen aggressionsfreien Arbeitsplatz«.[90]

Steter Tropfen höhlt den Chef

Auch wenn es inzwischen Beistand von Seiten spezialisierter Institutionen gibt – nicht immer suchen die Opfer von Katastrophenchefs systematisch Rat und Hilfe. Und längst nicht alle rächen sich auf wahrhaft spektakuläre Weise. Die großen Enthüllungsdramen, die Unterschlagungen in Millionenhöhe, die schlagzeilenträchtigen Sabotageakte und Mordversuche – solche Geschichten sind de facto »nur« die Spitze des Eisbergs. Die große Mehrheit der »Lektionen«, Gegenschläge und Vergeltungsmaßnahmen findet im Verborgenen statt, in Gestalt unzähliger unscheinbarer Aktivitäten all der Mitarbeiter, die in den passiven oder aktiven Widerstand gewechselt sind und ihren täglichen Frust in kleinen Dosen direkt oder indirekt am Verursacher auslassen.

Zum Beispiel, indem sie wichtige Dokumente »verlegen« und entscheidende Informationen für sich behalten. Indem sie kompromittierende E-Mails »aus Versehen« an den gesamten Firmenverteiler schicken und »vergessen«, ihre Chefs an wichtige Termine zu erinnern. Indem sie private Telefonnummern ihres Vorgesetzten absichtlich an Nervensägen, persönliche Feinde und besonders hartnäckige Vertreter weitergeben. Und indem sie ungerührt entscheidende Fristen verstreichen lassen, selbst wenn (oder gerade weil) dadurch Regressansprüche drohen.

Wer noch mehr Spielarten dieser kleinen, aber feinen Denkzettel kennenlernen möchte, dem wird unter www.fehlverhalten.de eine alphabetische Liste mit Hunderten von Stichwörtern geboten. Hier eine kleine repräsentative Auswahl: Alles-egal-Haltung, Beamtenmentalität, Computermanipulation, Dauerschwätzen, Energieverschwendung, Fehlinformation, »Gefälligkeiten«, Herumtrödeln, Intrigen, Kopieren von Privatsachen, Liegenlassen ungeliebter Aufgaben, mangelnde Sorgfalt, Nebentätigkeiten bei der Arbeit, Organisation manipulieren, Pausenverlängerung, Quittungen frisieren, »Rechenfehler«, Sachschäden verursachen, Trickbetrügereien, Unklarheit erzeugen, Vandalismus, Widerstand, X für U vormachen, Zeitung lesen.

Jede Wette, dass selbst erklärte Rachegegner einige dieser Aktivitäten im Repertoire haben: Der Drang nach ein bisschen »ausgleichender Gerechtigkeit« im Job kann durchaus ein Reflex sein, der schneller ist als moralische Bedenken.

Besonders beliebte Nadelstichtaktiken genervter Mitarbeiter hat die amerikanische Karriereberaterin Jean Hollands zusammengetragen. Ihre Warnung an die Adresse der Schikanechefs: Drangsalierte Untergebene »erledigen Arbeitsaufträge nur unvollständig. Dafür entschuldigen sie sich mit Ausreden wie ›ich war krank‹, ›die Unterlagen sind verlorengegangen‹ oder ›davon haben Sie mir nie was gesagt‹. Oder sie sagen, sie hätten den Arbeitsauftrag nicht verstanden. Wenn sie Sie durch unerledigte Arbeit in Schwierigkeiten bringen können, werden sie genau die mit größter

Freude verfolgen (natürlich ohne dass man ihnen ihre Schadenfreude ansehen könnte). Sie legen einen Arbeitsauftrag bewusst falsch aus, oder sie geben ihn einfach an jemand anderen weiter. In Sitzungen werden sie garantiert keinen Ton sagen, wenn sie Ihnen mit Argumenten und Erklärungen zu Hilfe kommen könnten. Sie lassen Sie im größten Stress hängen, bitten um Versetzung, lassen sich krankschreiben oder kündigen. Sie beschweren sich bei der Personalabteilung über Sie. Sie klären Ihren Vorgesetzten über Ihre einschlägigen Entgleisungen auf, per Brief, E-Mail oder Anrufbeantworter. Bei anonymen 360-Grad-Feedback-Umfragen machen sie klar, was sie von Ihnen halten. Und eines Tages kriegen sie Sie.«[91]

Mobbing von unten

Inzwischen ist allgemein bekannt, dass hinter den Schikanen der *Masters* mitunter durchaus betriebswirtschaftliches Kalkül stecken kann. Schließlich ersparen sie ihren Unternehmen teure Abfindungszahlungen, wenn sie einzelne Mitarbeiter durch systematisches Mobbing »mit sanfter Gewalt« zur Kündigung bewegen. Weniger bekannt ist, dass hinter den Nadelstichen der Mitarbeiter ebenfalls eine klare Strategie stehen könnte. Der Fachausdruck dafür lautet *Staffing*, von *staff*, die Belegschaft. Gemeint sind alle Aktivitäten von Untergebenen, mit denen Vorgesetzte und Führungskräfte geschwächt oder am besten gleich entmachtet werden sollen – Mobbing von unten, sozusagen.

Das klingt nach organisiertem Vorgehen. Schließlich liegt es nahe, dass drangsalierte Untergebene sich klammheimlich verbünden und gegen ihren *Master* in guter alter Guerilla-Manier gemeinsame Sache machen. Die Ratgeber gegen *Bullying* empfehlen sowieso standardmäßig, dass sich die betroffenen Mitarbeiter gegen Attacken von oben zusammenschließen sollten. Und das war noch nie so leicht wie heute: Im Internet gibt es zahlreiche öffentlich zugängliche Foren mit Erfahrungsberichten und Informationsbörsen zu einschlägig beliebten Arbeitgebern.[92] Auf diese Weise können sich Schikaneopfer betriebs- und sogar länderübergreifend organisieren, informieren und inspirieren.

Solche Zusammenschlüsse sind in der Theorie eher auf Verteidigung als auf Vergeltung angelegt. Trotzdem liegt es nahe, dass die Opfer in der Praxis von der Defensive zur Attacke übergehen. Dafür ist noch nicht einmal ein gemeinsamer Racheschwur erforderlich und auch keine kollektive Planung. In der Regel ist man sich auch ohne viele Worte völlig einig, und jeder tut, was er kann.

In den bisherigen Untersuchungen rund um das Thema »seelische Gewalt am Arbeitsplatz« spielt *Staffing* offiziell nur eine Nebenrolle. Schließlich wird kaum ein Chef zugeben, dass er sich von seinen Mitarbeitern drangsaliert fühlt: »Outen sich Führungskräfte gegenüber übergeordneten Leitern oder gar Mitarbeitern als Gemobbte, bekennen sie sich automatisch zum Status eines Opfers. Ein solches verliert jedoch im Ansehen seiner Mitmenschen oft einen Großteil der Würde und Autorität und disqualifiziert sich so möglicherweise für seinen Job.«[93] Diese Gefahr ist für Frauen in Führungspositionen besonders groß – wenn die zugeben, dass sie mit ihrem Team ein Problem haben, heißt es immer gleich: »Die können es eben nicht.« Den männlichen Chefs steht zwar kein Vorurteil, aber umso mehr ihr sorgsam gepflegtes Image im Wege: Ein wahrer Mann zeigt niemals Schwäche, sonst wäre er ja kein Mann, sondern ein Weichei.

Staffing ist also ein Tabuthema, über das die Betroffenen aus Angst vor dem Gesichtsverlust noch nicht mal unter Kollegen reden, geschweige denn mit dem eigenen Chef. Da steht zu vermuten, dass die Dunkelziffer weit über allen statistisch ermittelbaren Werten liegt.

Klatsch & Tratsch: Der Fluch der Macht

Die Psychologin und Mobbing-Beraterin Sylvia Gennermann warnt im Zusammenhang mit *Staffing* ausdrücklich vor der Gefahr durch Klatsch & Tratsch. Beides gehört zu den beliebtesten Rachemethoden chronisch gereizter Mitarbeiter. Denn erstens lässt sich damit ausgezeichnet Dampf ablassen, zweitens vergeht so die Arbeitszeit wie im Flug, und drittens handelt es sich um ein wunderbar dezentes Racheinstrument, bei dem sich die buschfeuerartigen Folgen kaum je bis zum kleinen bösen ersten Funken zurückverfolgen lassen: »Hier schlägt die Stunde der Gerüchte, Intrigen und Erpressungen, der Andeutungen über Affären oder unprofessionelles Führungsverhalten. Ist so etwas erst mal in Umlauf, hat die Zielscheibe des Ungemachs nur wenig Chancen, wirklich ›sauber‹ aus der Sache rauszukommen.«[94]

Klatsch & Tratsch über Vorgesetzte sind allein deshalb so gefährlich, weil Chefs »von Natur aus« leicht verwundbar sind. Die Luft da oben ist viel dünner: Chefs sind exponierter, sind stärkerer Konkurrenz und intensiverer Beobachtung ausgesetzt. Sie haben (theoretisch jedenfalls) Vorbildfunktion, wenn sie nicht sogar Persönlichkeiten des öffentlichen Lebens sind. Zwar werden ihre »kleinen Schwächen« – vom Drink zu viel über die Neigung zum Entspannungsjoint nach Feierabend bis zur erotischen Vergnügung mit jeder neuen Praktikantin – trotzdem oft genug wie Kavaliersdelikte behandelt. Aber nur, solange sie nicht an der großen Glocke hängen. Vorgesetzte, deren Eskapaden an die Öffentlichkeit gelangen, werden erheblich ramponiert oder gleich ganz aus Amt und Würden entfernt. In US-amerikanischen (und zunehmend auch europäischen) Firmen, die ihren Mitarbeitern die Einhaltung ethisch-moralischer Leitlinien verordnet haben, muss dann unter Umständen gelegentlich sogar der oberste Boss den Hut nehmen.

Das ist jedenfalls dem Vorstandsvorsitzenden eines

amerikanischen Großkonzerns passiert. Der verheiratete Mann hatte eine Affäre mit einer Mitarbeiterin. Mit dem hausinternen Moralkodex war diese Beziehung natürlich nur begrenzt zu vereinbaren – und da die Firma ihre Mitarbeiter ausdrücklich dazu ermuntert, jegliches illegale oder unethische Verhalten zu melden, ist der Oberboss aufgeflogen: Informationen über sein außereheliches Liebesleben wurden den für Ethik und Recht zuständigen Managern zugetragen. Anonym, versteht sich.[95]

Wenn Mitarbeiter Memoiren schreiben

Klatsch kann schlimme Folgen haben, daran besteht kein Zweifel. Und noch ein bisschen schlimmer wird es, wenn Mitarbeiter nicht »nur« lästern, sondern Berichte von ganz unten oder ganz innen verbreiten. Aus dem Herzen der Finsternis, sozusagen. Nichts anderes haben Scott Adams und Corinne Maier gemacht: »Das Dilbert-Prinzip« und »Die Entdeckung der Faulheit« sind zwar in erster Linie Anleitungen für den bezahlten Rückzug. Doch für das Abtauchen in die innere Emigration gibt es natürlich immer gewisse Gründe. Also breiten beide Autoren gewissenhaft ihre persönlichen Erfahrungen mit Glanz und Elend von Großkonzernen aus. Pseudowichtige Arbeitsgruppen, lächerliche Rituale, folgenlose Meetings, die Macht der Mittelmäßigkeit, »die Lügen des Managements« (Adams), »die Idioten, mit denen Sie verkehren« (Maier) – weder Adams' Ex-Arbeitgeber noch Maiers Arbeitgeber werden in diesen Erlebnisberichten mit Lobgesängen bedacht. Und trotzdem verlor Corinne Maier nicht umgehend ihre anstrengungsfreie Halbtagsstelle – sie zu feuern hätte für erstklassige Schlagzeilen gesorgt und die Buchauflage vermutlich nur weiter in die Höhe getrieben.

Dass ein sehr schlechter Arbeitgeber immerhin einen

sehr guten Stoff für einen Roman abgeben kann, hat Lauren Weisberger bewiesen. Nach einem Jahr bei einer amerikanischen Modezeitschrift schrieb sie ein böses Buch über eine Chefredakteurin, die in einem ganzen Verlagshaus Angst und Schrecken verbreitet: »Der Teufel trägt Prada«. In der internationalen Mode- und Medienszene erkannte man in der Hauptfigur Miranda Priestley mit großer Wonne Anna Wintour, die berühmt-berüchtigte Chefredakteurin von *Vogue*. Der Roman wurde mit Superstar Meryl Streep in der Hauptrolle verfilmt; das Werk wurde auf dem Festival von Venedig gefeiert und galt bereits vor dem offiziellen Kinostart als Kult. Eigentlich eine Ehre für Frau Wintour – wenn die Geschichte für sie nicht so blamabel wäre.

Das Buch ihrer Ex-Assistentin Weisberger ist eine 430-seitige Abrechnung mit einer Chefin, die im Umgang mit dem Personal die tägliche Tyrannei zum Prinzip erhebt. Das eigentlich Interessante sind jedoch weniger die darin versammelten Spielarten moderner Leibeigenenschikane als vielmehr die fast klinisch präzisen Beschreibungen des Innenlebens der drangsalierten Assistentin Andy Sachs. Sie hat Angst davor, sich mit ihrer übermächtigen Chefin anzulegen. Also beschränkt sie sich – typisch für Mitarbeiter in ihrer Situation – auf das gängige Repertoire kleiner unauffälliger Vergeltungsaktionen. Den großen Groll schluckt sie ständig runter, aber so etwas geht nie lange gut: Erst kommen Kopfschmerzen, Kloß im Hals und Knoten im Magen. Und dann kommt der blanke Hass.

Den kann sie exakt so lange unterdrücken, bis – passend zu den Erkenntnissen der Rachetheoriker – der eine berühmte Tropfen das Fass zum Überlaufen bringt. Als es so weit ist, spielen Job und Karriere, Geld und Glamour, kurz: alles, was sie sich bis dahin ständig vor Augen gehalten hatte, um die Dauerschikane weiter durchzuhalten, plötzlich keine Rolle mehr. Zeit für die Abrechnung. Im Roman wirft die Assistentin ihrer Chefin vor den Augen der versammelten internationalen Mode-VIPs mit einem formvollendeten »*Fuck you, Miranda, fuck you*!« ihren Job vor die Füße. Und in der Wirklichkeit verarbeitete die Ex-Assistentin ihren Ärger zu einem Aufsehen erregenden Schlüsselroman, durch den sie es nicht nur ihrer Ex-Chefin am Ende so richtig heimzahlte, sondern auch noch gutes Geld verdiente. Übrigens genau wie Scott Adams, Corinne Maier und Katharina Münk. Rache ist wohl tatsächlich ein Gericht, das kalt am besten schmeckt.

Reality Show rund um den Chef

Dass Mitarbeiter sich hinsetzen und gleich ein ganzes Schwarzbuch über ihre Chefs schreiben, ist wohl eher die Ausnahme. Doch selbst mit kleineren Enthüllungsaktionen lässt sich ein beachtliches Medienecho erzielen. So haben es fünf Managerinnen der amerikanischen Dresdner-Bank-Tochter Dresdner Kleinwort Wasserstein bis in die *Zeit*[96] und den *Spiegel*[97] geschafft. Eine ganze Seite hat das Nachrichtenmagazin den Damen gewidmet, die ihren Arbeitgeber wegen systematischer geschlechtsspezifischer Diskriminierung auf 1,4 Milliarden Dollar verklagten. In der Anklageschrift eröffneten sie tiefe Einblicke in eine »dumpf-schwüle, hormongesteuerte Bruderschaft«, in der man sich angeblich bereits zu Geschäftszeiten der Kunst des kreativen Alkoholkonsums hingibt und auch gerne Angebote von Dienstleisterinnen aus dem horizontalen Gewerbe in Anspruch nimmt.[98] Eine ziemlich ärgerliche Sache für die Bank mit dem grünen Band der Sympathie. Ärgerlich und möglicherweise ziemlich teuer.

Auch wenn dieser Fall ungewöhnlich spektakulär ist – ein gewisses Medieninteresse stellt sich immer ein, wenn jemand etwas zu enthüllen hat. Daher kann es heutzutage jederzeit passieren, dass sich ein geschasster Mitarbeiter in einer Talkshow ausführlich über gewisse Sitten und Gebräuche seines Ex-Chefs auslässt. Warum auch nicht; seinen Job hat er ja sowieso schon verloren. Möglicherweise verzichtet er anstandshalber oder aus Angst vor Konsequenzen auf konkrete Erkennungsmerkmale wie Namen und Firma. Doch wenn die Geschichte schmackhaft genug ist, übernehmen die Medien gerne die erforderlichen Rechercherarbeiten, wie die Geschichte von Jenny Amner zeigt. 2005 machte die Londoner Sekretärin, angestellt bei einer internationalen Anwaltskanzlei, eine Korrespondenz mit ihrem Vorgesetzten kurzerhand per Mausklick zur Realsatire – als kleine Erheiterung für den großen Verteiler.

Irgendjemand aus dem großen Verteiler leitete die Realsatire an einen Journalisten weiter, und wenig später wusste in England und darüber hinaus jeder über den *Big Boss* Bescheid, der von seiner Sekretärin hartnäckig vier Pfund Reinigungskosten zurückverlangte, weil bei einem Arbeitsessen versehentlich ein Spritzer Ketchup aus ihrer Richtung auf seiner Hose gelandet war. Dass die daraus resultierende finanzielle Belastung angesichts seines (in den Medien veröffentlichten) Spitzengehalts unter Umständen zu verkraften sein würde, wollte Richard Phillips (Name ebenfalls in den Medien veröffentlicht) nicht einleuchten. Auch nicht, dass *Post-its* mit dringenden Rückzahlungsaufforderungen an die Sekretärin eher weniger gut ankommen (vor allem in den Medien), wenn die Sekretärin gerade Krankheit und Tod ihrer Mutter zu verkraften hatte.[99]

Pech für Herrn P.: Seine vier Pfund hat er wahrscheinlich nie zurückbekommen, dafür wurde er zur Lachnummer in halb Europa. Kein Wunder, dass da die Journalisten Jamie Doward und Amelia Hill die Bosse warnen: »*Learn the ketchup lesson. Because now the secretaries are fighting back.*«* Wobei es nicht nur darum geht, dass enge Mitarbei-

---

* Lernen Sie die Ketchup-Lektion. Denn ab sofort schlagen die Sekretärinnen zurück.

ter ihre Chefs blamieren könnten. Sondern darum, dass sie dank der technischen Hochrüstung de facto unbegrenzten Zugriff auf alle unternehmensrelevanten Informationen haben. Folglich könnten gezielte Racheaktionen geradezu erdrutschartige Auswirkungen haben.

Im Schattenreich der diskreten Hinweise

Wissen ist Macht – das gilt auch für Mitarbeiter. Wenn sie sich dafür entscheiden, den Aufsichtsrat, die Umweltschutzbehörden, die Gewerbeaufsicht, das Finanzamt, die Medien an gewissen »sensiblen« Bereichen ihres Wissens teilhaben zu lassen, kann das unangenehme Folgen haben. Vor derlei Schneeballeffekten ist dann im Zweifelsfall noch nicht mal »der mächtigste Mann der Welt« ganz sicher. Der war im Oktober 2006 nämlich unter anderem damit beschäftigt, Enthüllungen des »Watergate«-Aufdeckers und Starjournalisten Bob Woodward zu dementieren. Pressemeldungen zufolge basiert dessen Buch über George W. Bush, »*State of Denial*«, auf Interna, die frustrierte Regierungsbeamte dem Autor zutrugen.[100]

Je höher die Position, desto mehr steht eben letztlich auf dem Spiel. Und während gewisse Indiskretionen demotivierter Staatsangestellter offenbar geeignet sind, sogar Regierungschefs in Bedrängnis bringen, kann für einen typischen *Master* schon ein stinknormales 360-Grad-Feedback zur Falle werden. Diese Form der Leistungsbeurteilung gehört zu den wenigen ausgesprochen unerfreulichen Dingen im Leben einer Führungskraft. Denn in solchen Fällen wird nicht nur der eigene Vorgesetzte um sein wertes Urteil gebeten. Sondern auch Kollegen, Kunden und – Skandal! – Untergebene dürfen frei heraus sagen, was sie ihrerseits von dieser »Führungskraft« halten. Damit die Chefs die kritischen Untergebenen später nicht in die Pfanne hauen, erfolgt die Befragung anonym. Für so manchen Schikanechef gibt es da ein böses Erwachen aus den schönsten Karriereträumen. Denn wenn seine Mitarbeiter ihm mit schöner Regelmäßigkeit und vielen Fallbeispielen multiple Unfähigkeit attestieren, ist er recht bald weg vom Fenster.

Noch haben sich in Deutschland beruhigend wenige Unternehmen dazu entschlossen, diese unziemliche Form der Vorgesetztenbeurteilung einzuführen. Vor Feedback aus dem Hinterhalt kann trotzdem kein Chef wirklich sicher sein; schließlich raten sogar renommierte Karriereberater wie Jürgen Lürssen Mitarbeitern dazu, sich im Notfall gegen tyrannische Chefs mit anonymen Beschwerden an das Topmanagement zur Wehr zu setzen.[101]

Ein Feedback ganz anderer Art geben die *whistleblowers*. Das sind Mitarbeiter, die sich trauen, »den Alarmknopf zu drücken« und öffentlich auf bestimmte firmeninterne Missstände hinzuweisen. Zum Beispiel auf »Gammelfleisch«: Im Laufe dieser lang anhaltenden Affäre waren es in zwei von drei Fällen Tipps von innen, die zur Aufdeckung der ekligen Zustände führten.[102] Es lässt sich eben nie ausschließen, dass ein eingeweihter Mitarbeiter auspackt; etwa aus dem ununterdrückbaren Gefühl heraus, dass in seinem Laden etwas völlig Unrechtes läuft, oder aber um nicht in unsaubere Machenschaften seines Vorgesetzten verstrickt zu werden. Deshalb machen einige Großunternehmen aus der Not eine Tugend und bitten ihr Personal sogar hochoffiziell um sachdienliche Hinweise zur Erkennung von Mängeln aller Art. Sie bestellen Ombudsmänner und richten anonyme Hotlines und Briefkästen ein, damit niemand Angst vor eventuellen unangenehmen Folgen seiner Meldungen haben muss.

Solche anonymen Hinweismöglichkeiten werden dann gelegentlich als Paradies für Denunzianten, Neider und Intriganten verteufelt. Dabei stellen sie eine der wenigen Möglichkeiten für Mitarbeiter dar, nicht nur der Gerechtigkeit zum Sieg, sondern auch der *ausgleichenden* Gerechtigkeit völlig legitim auf die Sprünge zu helfen. Wer übrigens den Anonymitätsversprechen seines Arbeitgebers nicht traut, kann sich auch direkt an Vater Staat wenden. Zumindest, wenn er finanzielle Unregelmäßigkeiten entdeckt hat und in Niedersachsen wohnt. Dort gibt es bei der »Zentralstelle Korruption« des Landeskriminalamts seit Ende 2003 einen Online-Service für anonyme E-Mail-Hinweise auf unsaubere Machenschaften. Das Angebot wird offenbar ausgesprochen gerne genutzt: Bis September 2006 gingen nach Angaben der Behörde 958 Meldungen ein.[103]

In den USA wurden 2002 die gesetzlichen Grundlagen dafür geschaffen, *whistleblowers* grundsätzlich vor Repressalien ihrer Arbeitgeber zu schützen – keine schlechte Idee angesichts der Tatsache, dass in der Vergangenheit der eine oder andere Mitarbeiter, der mutig Skandalöses aufdeckte, am Ende dafür versetzt oder gefeuert wurde. Die Vorschriften der Regierungsbehörden betreffen auch deutsche Töchter amerikanischer Firmen und deutsche Unternehmen, die an der US-Börse gehandelt werden. Sie alle sind dazu verpflichtet, unter anderem eine Hotline für willige *whistleblowers* einzurichten.[104]

Wie »Interna« in die Schlagzeilen kommen

Peinlich, peinlich, was durch anonyme Hotlines und Briefkästen alles rauskommen könnte. Kein Wunder, dass in *Master*-Kreisen vorsorglich gezetert wird, wo gesetzlich geschütztes *whistleblowing* draufstehe, könne am Ende »gemeine Rache« drinstecken.

Schönen Gruß an die Zeterer: Hört auf zu heulen. Die Wirklichkeit und die Medien zeigen jeden Tag, dass Mitarbeiter, die sich gegen Unrecht aller Art zur Wehr setzen wollen, dafür nicht unbedingt ein *Whistleblowing*-Schutzgesetz brauchen. In den USA haben ehemalige Boeing-Mitarbeiter ihrer Firma öffentlich vorgeworfen, sie habe mangelhafte Teile in ihre Maschinen einbauen lassen.[105] Die drei Mitarbeiter von Volkswagen, die ihren Konzernherren via *Spiegel* erklärten, wo und warum es in der Fertigung hakt, gaben sich keinerlei Mühe, im Schutz der Anonymität zu verschwinden.[106] Und die Buchhalterin, die mit ihren Aussagen den Mannesmann-Vodafone-Skandal auslöste, hatte nicht nur den Mut, einen Wirtschaftsprüfer direkt auf gewisse Ungereimtheiten hinzuweisen. Sondern sie hat in vielen Interviews auch immer wieder frank und frei beschrieben, wieso sie gar nicht anders konnte, als ihrem Gewissen zu folgen. Im wahrsten Sinne des Wortes eine Lektion für die *Masters* – auch in Sachen Zivilcourage.

Selbst wenn längst nicht alle Hinweisgeber ihre Identität offenbaren, so besteht doch reichlich Anlass zu der Vermutung, dass fast alle Schlagzeilen über illegale Vorgänge in Unternehmen auf gezielte Tipps von innen zurückgehen. Insider wie Anwälte und Steuerberater bestätigen gern, dass ein großer Teil aller Steuer- und Kartellstraftaten erst durch tatkräftige Nachhilfe von (Ex-)Mitarbeitern oder aber von verflossenen Lebenspartnern aufgedeckt wird. Manchmal kommen die Hinweise auch von beiden Seiten. So waren Mitarbeiter eines Geldtransport-Unternehmens von einer Kollegin beim Verschieben von Kundengeldern erwischt worden. Diese entschied sich gegen eine Anzeige und für gelegentliche Geldgeschenke. Vielleicht betrachtete sie die Finanztransfers ja auch eher als eine Art Schmerzensgeld – aufgeflogen ist die Sache dann jedenfalls 2006, als der Ehemann einer Mitwisserin nach einem Familienstreit zur Polizei ging und Anzeige erstattete.[107] Merke: Selbst die vertraulichsten Dinge erzählt jeder Mensch im Schnitt mindestens einem anderen Menschen weiter. Der erzählt sie wiederum mindestens einem Menschen weiter. Undsoweiterundsoweiter. Und am Ende rufen womöglich Steuerfahnder, Polizeiermittler und die Leute von der Presse an und stellen einen Haufen unangenehme Fragen.

Achtung, Aufnahme! – Der Chef in Bild und Ton

Gegensprechanlagen, Firmenlautsprecher, Gesprächhaltefunktionen und Außenlautsprecher von Telefonen gehören traditionell zu den beliebtesten Racheinstrumenten genervter Mitarbeiter: Man muss nur eine kleine Taste »im falschen Moment« drücken, und schon hört der Großkunde/der Aufsichtsrat/der Chef vom Chef/die gesamte Belegschaft, was der Chef von Ihnen persönlich oder dem ganzen Laden hält. Vorgesetzte, die mit der Technik moderner Telefonanlagen auf Kriegsfuß stehen, sind besonders gefährdet: Sie kennen zwar möglicherweise die »Dreierkonferenz«-Schaltung (auch wenn sie keine Ahnung haben, wie sie funktioniert). Aber dass ihr Anrufbeantworter zum Beispiel auch eine *Baby watch*-Funktion haben könnte, ist außerhalb ihres Vorstellungsvermögens. Weshalb sie im Leben nicht darauf kommen, was ihre Untergebenen durch den Missbrauch dieser technischen Finessen so alles über sie, ihre Gesprächsthemen und Gesprächspartner in Erfahrung bringen können.

Die moderne Kommunikationstechnik bietet inzwischen noch wesentlich raffiniertere Möglichkeiten. Wer es richtig ernst meint, muss noch nicht mal eine Minute surfen, um einschlägige Internet-Versandhandlungen zu finden, die alles anbieten, was das Herz begehrt, inklusive Wanzen, Nachtsichtgeräte und Richtmikrofone. Doch schon mit modernen Handys und *Smartphones* lässt sich so gut wie alles anstellen, Tonmitschnitte sowieso, aber auch Abhöraktionen, heimliche Datentransporte, Fotos und Filme in hervorragender Qualität. Vor den Gefahren, die von Laptops mit integrierter Ton- und Bildaufnahmemöglichkeit ausgehen, warnt sogar das Bundesamt für Sicherheit in der Informationstechnik (BSI).[108] Gelegenheiten und Motive für unauffällig zu bewerkstelligende kompromittierende Aufnahmen gibt es jede Menge, von der Konferenz zu »topvertraulichen« Themen über die erkennbar unbezwingbare Müdigkeit einiger Konferenzteilnehmer bis hin zu gewissen Vorgesetztenentgleisungen bei der anschließenden Feier im kleinen Kreis.

Und wenn ein stolzer Besitzer dieser Geräte nicht von allein darauf kommt, was sich mit ihnen so alles anfangen lässt, hilft ihm die Werbung auf die Sprünge. So zeigt der »Manifesto«-TV-Spot der Firma Samsung einen Jüngling, der mit Handy und Camcorder allerlei »heikle Situationen« seiner Vorgesetzten festhält und sich damit außerordentlich erfolgreich um Gehaltserhöhung und Beförderung bemüht. Über das Ziel des Spots klärt eine Pressemitteilung des Konzerns auf: »›Manifesto‹ regt die Vorstellungskraft der Verbraucher an, wie ihr Leben dank des lifestyle-orientierten Designs und der Technologie von Samsung schöner, aufregender und produktiver werden kann.«[109] Na dann.

Diebstahl & Co.: Unterwegs in der Grauzone zwischen Straftat und Selbstjustiz

Ab hier wird's ernst. Betrug, Unterschlagung, Korruption, Geldwäsche, Spionage, Verkauf von Betriebsgeheimnissen, Erpressung, Bilanzmanipulation und natürlich Diebstahl in allen Größen und Formen. Knallharte Straftatbestände, kriminelle Aktionen aus reiner Habgier und Berechnung – was sollen die mit Rache, Vergeltung und ausgleichender Gerechtigkeit zu tun haben?

Dass es da durchaus einen Zusammenhang geben könnte, ist dem Laien kaum bewusst. Schließlich geht es in den großen Studien und Statistiken, die es bis in die Wirtschaftsschlagzeilen schaffen, hauptsächlich um Delikte und Schäden. Das Bundeskriminalamt (BKA) veröffentlicht jährlich ein »Bundeslagebild Wirtschaftskriminalität«, und diverse internationale Unternehmensberatungen und Versicherungen untersuchen fast schon traditionell Art und Umfang der Bedrohung. Es mangelt also nicht an Daten; man muss allerdings genau hinschauen, um hinter dem recht schlichten Erklärungsansatz »reine Habgier« ein paar inhaltsreichere Aspekte zu entdecken.

Fangen wir mit den nackten Zahlen an. Hier die Kernerkenntnisse der Studie »Wirtschaftskriminalität 2005. Internationale und deutsche Ergebnisse«[110] der Unternehmensberatung PricewaterhouseCoopers: Zwischen 2003 und 2005 hat die Wirtschaftskriminalität in Deutschland demnach um 7 Prozent zugenommen. In diesem Zeitraum wurde im internationalen und deutschen Vergleich fast jedes zweite Unternehmen – und zwar quer durch alle Branchen – Opfer eines Wirtschaftsdelikts. Unternehmen, die sich in einer Phase der Umstrukturierung oder Expansion befinden, werden signifikant häufiger Opfer von Wirtschaftskriminalität. Unabhängig davon ist generell von einer hohen Dunkelziffer auszugehen. Der wirtschaftliche Schaden für die deutschen Unternehmen belief sich auf über 250 Millionen Euro. Zusätzlich klagten 40 Prozent der betroffenen Unternehmen über immaterielle Schäden wie Reputationsverlust, Beeinträchtigung der Mitarbeitermoral und der Geschäftsbeziehungen.

So weit, so schlecht. Richtig spannend wird die Studie jedoch erst, wenn sie nach den Tätern fragt. Ergebnis: Fast die Hälfte der Täter, nämlich 49 Prozent, stammte aus dem eigenen Unternehmen. Das Täterprofil passt überraschend genau auf den typischen inneren Emigranten: seit circa zehn Jahren im Unternehmen, seit circa sieben Jahren auf derselben Stelle, zwischen 31 und 50 Jahre alt, sozial unauffällig. Leider schließen die Autoren aus dem jahrelangen Auf-der-Stelle-Treten nicht etwa auf Frust und innere Kündigung, sondern etwas einseitig nur auf die tatbegünstigende Kenntnis firmeninterner Schwachstellen.

Kenntnisse, die sich ausgerechnet die Chefs gerne zu Nutze machen: Fast ein Viertel der Täter kommt aus dem Topmanagement.[111] Mehr Gelegenheit macht eben offenbar mehr Diebe, tja. Ähnliches hatte auch schon die Unternehmensberatung Ernst & Young in der 2003 veröffentlichten Untersuchung »Wirtschaftskriminalität in Deutschland – nur ein Problem der anderen?« festgestellt und darauf hingewiesen, dass die Position des Täter erfahrungsgemäß in direkter Relation zum verursachten Schaden steht.[112]

Das heißt unterm Strich: Hochrangige *Masters* richten nicht nur erstrangige Schäden im Umgang mit ihren Untergebenen an, sondern einige von ihnen langen sogar höchst aktiv zu und treiben auf diese Weise ihre persönliche Schadensbilanz noch ein bisschen in die Höhe. Und damit ist das Ende der Fahnenstange noch nicht erreicht. Immerhin ist der Chef bekanntlich Vorbild im guten wie schlechten Sinne. Wenn er sich ungeniert bedient, liefert er seinen frustrierten Bodentruppen die perfekte Rechtfertigung für kleine Beutezüge im Dienste der ausgleichenden Gerechtigkeit: »Was der kann, kann ich auch.«

Genau das brachte ein Teilnehmer einer Meinungsumfrage des WDR zum Thema »Selbstbedienung am Arbeitsplatz – wo liegen die Grenzen für die Mitarbeiter?« hübsch auf den Punkt: »Wo ist eigentlich der Unterschied, ob ich was in die Tasche packe als kleiner Mitarbeiter oder die Bosse durch Manipulation von Firmendaten uns alle um Milliarden an Steuern betrügen? Die machen es doch vor, ›Vorbilder‹ müssen damit rechnen, dass es die Leute nachmachen. (...) Gesetzlich ist Diebstahl sicherlich nicht richtig, doch moralisch in diesen Zeiten zu vertreten.«[113] Und es trifft ja keine Armen.

Gewinnmitnahmen nach Art der Mitarbeiter

Tatsache ist: Die Bedrohung lauert nicht etwa nur draußen vor der Tür, sondern sie ist häufig schon drin und sitzt in der Regel bereits jahrelang brav an ihrem Arbeitsplatz. Der kann allerdings zur Tarnung für alle möglichen Vergehen werden, vom flächendeckend verbreiteten, allseits beliebten Diebstahl von Kleingütern (Kopierpapier, Druckerpatronen, Stifte und sonstiges Büromaterial, aber offenbar auch auffallend gerne Toilettenpapier[114]) über »kleine Gefälligkeiten« für *family & friends* durch falsche Preisauszeichnungen und manipulierte Kundenkartenprämien bis hin zur Mitnahme kompletter Existenzgründungspakete.

Ein kleines Beispiel aus dem Lagebild Wirtschaftskriminalität 2004 des BKA: »Im Mai/Juni 2004 haben fünf Mitarbeiter eines mittelständischen Reiseunternehmens (...) ihr Unternehmen verlassen und unmittelbar darauf ein Konkurrenzunternehmen aufgebaut. Noch während der Beschäftigungsdauer beim anzeigenden Unternehmen haben die Beschuldigten sich per E-Mail an die Geschäftspartner ihres Arbeitgebers gewandt und auf ihre neue Firma hingewiesen. Zudem stellt der Internetauftritt des neuen Unternehmens eine fast identische Kopie des Internetauftritts des Reiseunternehmens dar; auch haben sich die Beschuldigten deren gesamten Datenbestand gesichert, der aus kompletten Kundendaten, Reisebuchungen, Agentur- und Vertriebspartnerdaten mit Bankverbindungen, Umsatzzahlen, Provisionsmargen und Zahlungsverkehr bestand.«[115]

Kein Wunder, dass sich das BKA und die Selbstschutzorganisationen der Wirtschaft in ihrer Einschätzung der Lage völlig einig sind: »Als gravierend bewerten die Unternehmensvertreter weiterhin Mitarbeiterkriminalität. Diebstähle von Firmeneigentum, Abrechnungsbetrügereien und der ›Zeitdiebstahl‹ gehörten schon bisher zu den Delikten, mit denen sich die Sicherheitsexperten am häufigsten zu befassen hatten. Auch hier werden, so ihre Prognose, Häufigkeit und Schäden in den nächsten Jahren stark steigen.«[116]

Die ganze Bandbreite der Vergehen von Klopapierklau bis Kapitalveruntreuung wird von Kriminologen und Sicherheitsexperten seit Jahren hingebungsvoll diskutiert. Was an Delikten, Tricks und Hintergründen noch nicht hinreichend erforscht scheint, wird systematisch ausgeleuchtet – mit manchmal unerwarteten Ergebnissen. So erstellte die Universität Lüneburg 2004 im Auftrag des Sicherheitsforums Baden-Württemberg eine »Fall- und Schadensanalyse bezüglich Know-how-/Informationsverlusten in Baden-Württemberg ab 1995«. Es ging, etwas einfacher ausgedrückt, um Betriebsspionage, und das geschätzte Gefährdungspotenzial für Deutschland liegt der Studie zufolge immerhin bei hochgerechnet 50 Milliarden Euro jährlich.

Doch bei der Täteranalyse stießen die Forscher zu ihrer eigenen Überraschung nicht etwa mehrheitlich auf feindliche Agenten nationaler und ausländischer Konkurrenzunternehmen, sondern auf – abgewanderte und abgeworbene Mitarbeiter. Bei denen gab es, wie im Nachhinein klar zu erkennen war, bereits frühzeitig »Anzeichen für die Illoyalität«, sprich: deutlich geäußerte Unzufriedenheit und erkennbar abnehmende Identifizierung mit dem Unternehmen.[117] Klingt verdächtig nach innerer Kündigung, oder nicht?

Mutmaßungen über Tatmotive

Der Mitarbeiter ist häufig auch der Täter, so viel steht fest. Aber warum? Nun, es ist durchaus einiges im Angebot zum Thema »Tatmotive«. Zunächst ist da die gemeine

Krimi-Ebene mit Habgier, Charakterschwäche, zu aufwändigem Lebensstil, Verschuldung. Quasi in einem Schwung geht es dann jedoch weiter zu den Höhen der Sozialpsychologie. Zur Debatte stehen der Verlust sozialer Bindungen, der Anstieg von Konsum- und Anspruchsdenken, die Abnahme gesellschaftlicher Solidarität, schwindendes Unrechtsbewusstsein, die sinkende Moral der Mitarbeiter, der Untergang der Loyalität, kurz: »der allgemeine Werteverfall«.

Weiter als bis zum Werteverfall dringen viele Studien allerdings nicht vor. Die Frage, *wieso* es denn um Loyalität, Moral und Rechtsbewusstsein der Mitarbeiter so schlecht bestellt ist, wird eher am Rande beantwortet. Vielleicht, weil das ein völlig eigenständiger Themenkomplex wäre, der – auf den ersten Blick jedenfalls – eher etwas für Soziologen und Psychologen ist als für Unternehmensberater. Vielleicht auch, weil die nicht riskieren wollen, durch das Ansprechen unangenehmer Wahrheiten potenzielle Kunden zu vergraulen. Buchautoren wie Michael Gestmann haben jedenfalls deutlich weniger Beißhemmung: »Die schwindende Moral der Mitarbeiter ist nur das Pendant für das Desinteresse, das viele Arbeitgeber ihren Mitarbeitern entgegenbringen.«[118]

So drastisch können die ebenso diplomatischen wie gewinnorientierten Vertreter der Unternehmensberatungen das natürlich nicht ausdrücken – aber immerhin geht die große Kreditversicherungsanstalt Euler Hermes in ihren Veröffentlichungen zur Wirtschaftskriminalität kurz auf die Rolle ein, die Ungerechtigkeit am Arbeitsplatz als Auslöser für »Entschädigungsleistungen« spielt. Einmal heißt es leicht verklausuliert: »Auch der Führungsstil spielt eine *nicht unbedeutende* Rolle. Ist das Betriebsklima angenehm und die Belohnung angemessen, sinkt das Risiko. Mit steigender *Entfremdung vom Arbeitgeber* sinkt allerdings die Hemmschwelle.«[119] An anderer Stelle wird auf ein US-amerikanisches Universitätsexperiment hingewiesen, das belegt, wie sehr der Eindruck, von der eigenen Firma ungerecht behandelt zu werden, die Neigung zum Diebstahl fördert.[120]

PricewaterhouseCoopers erklärt kurz und bündig, dass Wirtschaftskriminalität durch einen Dreiklang aus Anreiz, Gelegenheit und Rechtfertigungsmöglichkeit entsteht.[121] Das heißt im Klartext: Es kommt in der Regel erst dann zu Diebstahl & Co., wenn ein Mitarbeiter über Anreiz und Gelegenheit hinaus auch Grund hat, sich auf der *moralischen* Ebene völlig im Recht zu fühlen. Und das wiederum ist eine Theorie, die geradezu erstaunliche Parallelen zu den Forschungsergebnissen der Rachetheoretiker aufweist. Denn auch der Mitarbeiter, der sich gegen erlittene Ungerechtigkeit wehrt, sieht die Moral ganz eindeutig auf seiner Seite.

Das offizielle Gehalt und die »tatsächliche Gesamtvergütung«

Es wird wohl auch in Zukunft kaum verbindlich zu klären sein, inwieweit Vergehen vom Kugelschreiberklau bis zur Unterschlagung auf reine Habgier oder eher auf das Streben nach »ausgleichender Gerechtigkeit« zurückzuführen sind. »Dilbert«-Autor Scott Adams hat trotzdem eine klare Meinung zu dem Thema. Sein »Gesetz vom Gehaltsgleichgewicht« basiert darauf, dass es schließlich genug Möglichkeiten gibt, ungerechte Bezahlung und unbezahlte Überstunden auszugleichen. Betroffenen Mitarbeitern rät er, nie die »tatsächliche Vergütung pro Stunde« aus den Augen zu verlieren. Zu der gehören neben Gehalt und Zulagen auch die »leicht nach oben korrigierte Reisekosten-Abrechnung, geklautes Büromaterial, Prämien aus den Vielfliegerprogrammen, Kaffee, Kekse, Zeitungen und Zeitschriften, private Telefongespräche, Sex im Büro, Telearbeit, Blaumachen, Surfen im Internet, private E-Mails, Nutzung des Laserdruckers für Ihren Lebenslauf, kostenlose Fotokopien, Schulung für Ihren nächsten Job, Nutzung Ihres Büros als Einzelhandelsfiliale.«[122]

Nichts anderes ist im Arbeitsalltag frustrierter Untergebener quasi traditionell an der Tagesordnung. Und schon äußern die ersten Sozialpsychologen die Überzeugung, dass die Mitarbeiter sich durch Selbstbedienung an Firmenressourcen nur holen, was ihnen ihrer Meinung nach sowieso zusteht.[123] Die Firma macht satte Gewinne, der Aktienkurs steigt, nur die Gehälter sind auf dem Weg in den Keller? Die Folge bei den Mitarbeitern ist ein ätzendes Gefühl des Ungleichgewichts, das nun mal schnell zu einschlägigen »Ausgleichsmaßnahmen« führen kann. Anders ausgedrückt: »Wer morgen vielleicht schon auf der Straße steht, sorgt dafür, dass er heute nicht zu kurz kommt.«[124]

Bleibt noch zu ergänzen, dass *Leaner & Meaner Management,* Druck und die Anonymität in großen Betrieben die Hemmschwelle für Diebstahl senken; schließlich ist mit dem Beklauen von gesichtslosen Aktionären kein allzu großes Schuldgefühl verbunden. Und zu guter Letzt neigen unzufriedene Mitarbeiter nachweislich am stärksten dazu, die Ressourcen der Firma ausschließlich zum eigenen Vorteil zu verwenden.[125]

Fazit: Diebstahl, Unterschlagung & Co. treffen die Unternehmen keinesfalls immer so plötzlich und unvorhersehbar wie ein bewaffneter Überfall. Sondern sie stehen oft genug in direktem Zusammenhang mit dem Betriebsklima und dem Gefühl von Recht oder eben Unrecht, das die Führungskräfte ihren Mitarbeitern vermitteln. Und wenn die hartnäckig das Gefühl haben, ungerecht behandelt zu werden, dann gehören »Gewinnmitnahmen« am Ende noch zu den harmloseren Konsequenzen. Frustrierte Mitarbeiter, die ihre Arbeitgeber auf die eine oder andere Weise zur Kasse bitten, »empfinden sich gegebenenfalls nicht als Täter, sondern in der Rolle des Rächers: Sie glauben keinen Unschuldigen zu schädigen, sondern einen Feind zu bekämpfen. Sabotage als noch schärfere Gangart ist dann die nächste Stufe des Widerstands gegen den Arbeitgeber.«[126]

Expedition zur Spitze des Eisbergs: Sabotage, »Scherzartikel«, Schmerzgrenzen

Im Bereich Wirtschaftskriminalität kann man sich stundenlang darüber streiten, ob die Täter nun grundsätzlich aus Habgier, krimineller Neigung, persönlicher Not handeln – oder ob die »kleinen Fische« aus dem Mittel- und Unterbau angesichts steigender Vorstandsgehälter bei sinkenden Löhnen und Beschäftigungszahlen nicht vielleicht schlicht der ausgleichenden Gerechtigkeit nachhelfen wollen.

Bei der Sabotage hingegen gibt es deutlich weniger Zweifel am Tatmotiv. Habgier und persönliche Not scheiden aus; der Saboteur hat schließlich keinen materiellen Nutzen von seinen Aktionen, mal abgesehen von der einen oder anderen Arbeitspause, die sich durch den »Ausfall« von Arbeitstechnik ergibt. Was bleibt, sind immaterielle Beweggründe: die Unzufriedenheit mit dem Job und dem direkten Vorgesetzten zum Ausdruck zu bringen, sich für erlebtes Unrecht zu rächen, das Gefühl der Ohnmacht einen Moment lang durch tiefere innere Befriedigung zu ersetzen. Und natürlich »die Erziehung zur Fairness« – ein Erklärungsmodell, das besonders in jenen Unternehmen zutrifft, die trotz guter Gewinne massenhaft Arbeitsplätze abbauen.

Fast alles, was den Unternehmen lieb und teuer ist, kann firmeninternen Saboteuren zum Opfer fallen, von Beziehungen zu Kunden und Geschäftspartnern über Traditionsprodukte und Vorzeigeprojekte bis hin zum gesammelten Datenbestand und zur gesamten Kommunikation mit der Innen- und Außenwelt. Der Sabotageakt selbst ist für frustrierte Mitarbeiter ein Kinderspiel: Schließlich sind sie oft seit Jahren im Betrieb und kennen die Schwachpunkte von Geräten und Arbeitsabläufen ganz genau.

Nicht selten reicht »eine kleine Unaufmerksamkeit«, und schon nimmt das Schicksal des Projekts/der technischen Anlage/der Lieferqualität den gewünschten Lauf. Beispiel gefällig? – »In einem Unternehmen nutzte ein Innentäter seine Kenntnis darüber, dass ein wichtiger Server empfindlich auf zu hohe Betriebstemperaturen reagiert, und blockierte die Lüftungsschlitze für den Netzteillüfter mit einem hinter dem Server aufgestellten Gegenstand. Zwei Tage später erlitt die Festplatte einen temperaturbedingten Defekt, und der Server fiel für mehrere Tage aus. Hinterher behauptete der Angreifer, dass es sich um ein Versehen handelte.«[127]

Und wenn die Geschichte vom Versehen nicht zieht, dann war es eben »Materialversagen« – bekanntlich wird heutzutage schon bei der Produktion »überall geschludert«, also klingt dieses Argument äußerst plausibel. Zum Beispiel, wenn in einer großen Fertigungsanlage plötzlich ein Sicherungsring abspringt. Der Mechaniker, der für die Maschinenwartung zuständig war, hätte das verhindern können, schließlich hatte er das Unheil kommen sehen. Aber er blieb untätig, aus Ärger über seinen Vorgesetzten. Die Folge: »Der Sicherungsring sprang ab, und da das notwendige Ersatzteil nicht vorrätig war, musste die Produktion wegen eines Maschinendefekts für Tage ausfallen.«[128]

Kundensabotage, Produktsabotage, Fertigungssabotage, Computersabotage: Das Risiko, bei solchen Aktionen in flagranti erwischt zu werden, ist gering, schon weil das Repertoire glaubwürdiger Ausreden so groß ist. Eine bedauerliche Ungeschicklichkeit, das kann doch jedem mal passieren, Irren ist menschlich, der Stress war zu groß, Fehler passieren, *shit happens*. Böse Absicht ist schwer nachzuweisen; folglich riskieren die meisten Saboteure höchstens heftige Vorwürfe, aber kaum Rausschmiss und Schadenersatz. Zumindest, wenn sie so klug sind, ihre Schadenfreude schweigend zu genießen und öffentlich das gebührende Schuldbewusstsein zur Schau zu tragen.

In solchen Fällen werden gerne Etiketten verteilt: »unmoralisch«, »rachsüchtig«, »krankhaft«, »kriminell«. Das geht schnell und einfach, läuft aber letztlich auf eine wunderbare Kollektivausrede für Katastrophenchefs hinaus. Und mit der ernsthaften Erforschung der Ursachen haben solche Kommentare rein gar nichts zu tun. Dabei fehlt es nicht an seriöseren Beiträgen zum Thema: Schon 1998 verwies der Psychologe Michael Gestmann auf den Zusammenhang zwischen den Führungsdefiziten der Vorgesetzten und der starken Betonung des Shareholder-Ansatzes einerseits und der Neigung zur Sabotage der »Erfüllungsgehilfen« andererseits: »Die Macht der Mitarbeiter liegt darin, die Maschinerie zumindest phasenweise lahmlegen zu können.«[129]

Sabotage, Gesundheit & Gemüt

Mitten in einer von Ohnmacht geprägten Lage kurz die eigene Macht zu spüren – das ist gut fürs Gemüt. Und gut für die Gesundheit scheint es auch zu sein. Darauf deuten jedenfalls die aktuellen Untersuchungsergebnisse der deutschen Sabotageforscher Peter Essinger und Monica Krissel hin. In einem Interview mit der Autorin erklärten sie: »Zu den mit Abstand interessantesten Ergebnissen unserer Studien gehört der ›salutogene Effekt‹ von Sabotage auf das körperliche und emotionale Befinden. Einfacher gesagt, kann Sabotage durchaus gesundheitsfördernd sein.«

Wer sich nicht wehrt, lebt offenbar verkehrt. »Das klingt vielleicht provokant«, sagen Krissel und Essinger, »kann aber angesichts unserer Forschungsergebnisse nicht anders gewertet werden: In unseren Studien zeigt sich, dass Personen, die wenig Gerechtigkeit am Arbeitsplatz wahrnehmen und *kein* Sabotageverhalten zeigen, über *mehr* Beeinträchtigungen des körperlichen Befindens berichten als Personen, die in gleichem Maße Ungerechtigkeit wahrnehmen, aber stärker ausgeprägtes Sabotageverhalten zeigen. Mit zunehmendem Sabotageverhalten wird der Zusammenhang zwischen körperlichen Befindlichkeitsstörungen und Ungerechtigkeit nahezu aufgehoben. Ähnlich verhält es sich bei dem Zusammenhang von Ungerechtigkeit und *emotionalem* Wohlbefinden. Auch in diesem Fall verringert Sabotage die negative Wirkung von erlebter Ungerechtigkeit. Sabotageverhalten scheint demnach in der Lage zu sein, die negative Wirkung von erlebter Ungerechtigkeit auf das körperliche und emotionale Befinden abzumildern. Überspitzt ausgedrückt: In einem Klima von Ungerechtigkeit kann Sabotage offenbar Balsam für Körper und Gemüt sein.«

Apropos Gemüt – auch in diesem Bereich haben die beiden Psychologen Denkwürdiges festgestellt: »Ein ebenfalls bemerkenswertes Ergebnis hatten unsere Forschungen in Sachen ›Neurotizismus‹. Es wurde ja oft angenommen und behauptet, dass vor allem Personen mit neurotischen Charakterzügen eine Tendenz zu allen möglichen ›organisationsschädigenden Verhaltensweisen‹, so auch zu Sabotage haben. Weshalb solche Theorien bei Führungskräften hoch im Kurs stehen, liegt auf der Hand: Eine Veränderung von Arbeitsbedingungen und Organisationsstrukturen ist nicht nötig, nichts muss in Frage gestellt werden, es gilt nur, potenzielle neurotische Störenfriede auszusortieren.«

Tatsächlich lassen sich zukünftige Saboteure kaum durch Psychotests »präventiv« aussortieren, wie die beiden

Psychologen herausgefunden haben: »In unseren Studien zeichnet sich eher das Gegenteil ab: Gerade die *weniger* neurotizistischen Arbeitnehmer scheinen zu Sabotageverhalten zu tendieren, wenn sie sich ungerecht behandelt fühlen. Da erscheint es wenig sinnvoll, Persönlichkeitstests zur Vorhersage von Sabotageverhalten und damit zur Personalauslese heranziehen zu wollen, um sich eine Belegschaft zuzulegen, von der auch bei massiv ungerechter Behandlung keine Vergeltung zu befürchten ist. Das würde vermutlich auch nicht gelingen. Unsere Studie konnte zeigen, dass Neurotizismus keinen Vorhersagewert für Sabotage hat, und es ist sehr fraglich, ob es sich mit anderen ›Charaktereigenschaften‹ anders verhält.«

Beugehaft in der Warteschleife und andere Klassiker der Kundensabotage

In der modernen Dienstleistungsgesellschaft sind die Mitarbeiter das entscheidende Bindeglied zwischen dem Unternehmen und seinen Kunden. Sie sind die Hauptverantwortlichen für die Außenwahrnehmung ihrer Firma, für die Qualität der Leistung und die Kundenzufriedenheit. Das ist, auch in »kleinen« Jobs, eine große Verantwortung. Und ein Hebel, mit dem sich selbst durch völlig unspektakuläre Aktionen die Kundenzufriedenheit und damit die Existenzgrundlage so manchen Dienstleisters schnell und unwiderruflich aus den Angeln heben lassen.

Klassiker aus dem Bereich »Abenteuer Dienstleistung«, die garantiert jedem schon mal passiert sind: Erkennbar lustlos werden von namenlosen Mitarbeitern Bestellungen aufgenommen, unpünktlich, unvollständig oder falsch ausgeliefert, und bei der fälligen Reklamation geht das ganze Spielchen von vorne los. Ein Mitarbeiter verspricht am Telefon, sich sofort um die Information/das Angebot/die Unterlagen/einen Termin zu kümmern – und dann passiert exakt so lange nichts, bis man irgendwann genervt nachhakt. In Läden und Restaurants wird man vom Personal so lange ignoriert, bis man diesen Hort perfekter Dienstleistung wutschnaubend verlässt. Ein Kundenwunsch, der nur einen Hauch vom Standardprogramm abweicht, wird mit einem mürrischen »Das geht nicht« abgebügelt. Auf der Suche nach einem zuständigen Mitarbeiter landet man nach zehn Minuten fruchtloser Gespräche mit namenlosen Leuten, die alle »leider nicht zuständig« sind, weitere zehn Minuten lang in der Telefonwarteschleife und bekommt »Bitte warten« oder »Für Elise« ins Ohr geblasen, bevor man abrupt endgültig aus der Leitung fliegt.

Das kann natürlich an »von Natur aus« muffigen, inkompetenten Mitarbeitern liegen – aber wir haben schon in Teil I gesehen, dass hinter solchen »Untergebenenmacken« oft genug ein *Master of Disasters* mit ausgeprägter Motivationsschwäche steckt. Ohne Motivation keine Mitarbeiterzufriedenheit – und ohne zufriedene Mitarbeiter keine zufriedenen Kunden: »Unzufriedene Mitarbeiter bieten einen schlechten Service, was zur Kundenunzufriedenheit und letztlich zum Abbruch der Kundenbeziehung führen kann. Kundensabotage geschieht absichtlich.«[130]

Wenn Dienstleister weder dienen noch leisten, kann es für sie böse enden. Das wissen vermutlich auch die Chefs. Sie sind immerhin ihrerseits irgendwo Kunden und kennen den Zorn, der sich explosionsartig ausbreitet, wenn man schlecht bedient wird. Und sie kennen auch die Schlussfolgerung der Kunden: »*Der* Laden sieht mich nie mehr wieder!« Vielleicht wissen die Chefs sogar auch, dass auf einen Kunden, der sich bei ihnen über mangelnden Service beschwert, bis zu zehn Kunden kommen, die kommentarlos auf Nimmerwiedersehen verschwinden. Doch zumindest die *Masters of Disasters* wissen offenbar immer noch nicht, dass der stille Kundenschwund nicht »einfach« auf die Unfreundlichkeit gewisser Mitarbeiter zurückzuführen ist, sondern viel mehr auf gewisse Unzulänglichkeiten ihres eigenen Führungsverhaltens.

Käfer in artfremder Umgebung oder: Sabotage am Produkt

Niemand wird je feststellen können, ob die Maus in der Ravioli-Dose oder der Käfer im Cheeseburger von ganz allein in diese artfremde Umgebung geraten sind oder ob da jemand ein bisschen nachgeholfen hat. Tatsache ist, dass sich die Frage bei seltsamen Geschichten dieser Art förmlich aufdrängt. Und manchmal ganz offensichtlich die Kreativität auf Touren bringt. So drapierte ein frustrierter Koch eines Nobelhotels im Berliner Grunewald dreckige Töpfe und leere Dosen neben Frischprodukten mit einer Kakerlake zusammen zum Stillleben, das er mit Video filmte und sein Werk dann als Dokumentation über »Deutschlands schmutzigste Hotelküche« anbot.[131]

In diesem Fall hatte der Arbeitgeber Glück; die Ausstrahlung des Films wurde verhindert. Doch der Fall zeigt, wie groß die Versuchung ist, sich durch Produktsabotage beim Chef zu rächen. Denn nichts kann selbst große Unternehmen so schnell und so gewaltig unter Druck bringen wie Schlagzeilen über ihre Produkte. Manchmal haben einschlägige Horrorstorys »nur« leichten Brechreiz zur Folge, etwa bei der Meldung »In iPod-Schachtel war rohes Fleisch«.[132] Manchmal geht es um ernsthafte Gefahren für die Gesundheit, zum Beispiel wenn in einem Joghurt mehr Glassplitter als Fruchtstückchen auftauchen.

Im ersten Fall steckte tatsächlich ein frustrierter Mitarbeiter dahinter, der sich an seinem Ex-Arbeitgeber, einer großen Supermarktkette, rächen wollte und deshalb Musikgerät gegen Metzgereiware austauschte. Im zweiten Fall blieb der Firma gar nichts anderes übrig, als die Verbraucher über die Medien vor dem Verzehr ihres Produkts zu warnen. Doch ob die Glassplitter nun durch einen Produktionsfehler oder durch die helfende Hand eines Mitarbeiters in den Joghurt geraten waren, wird die Öffentlichkeit wohl nie erfahren. Und für die Krisen-PR ist das letztlich auch völlig egal. So oder so wird der gewaltige Schaden fürs Image nur noch übertroffen vom gewaltigen Schaden für die Kasse: Spätestens seit der »Flüssigei-Skandal« Mitte der achtziger Jahre eine große deutsche Nudelfirma an den Rand des Ruins trieb, ist erwiesen, dass viele Konsumenten auf Meldungen über Qualitätsmängel von Lebensmitteln mit sofortigem und oft unwiderruflichem Markenwechsel reagieren. Letztlich ist es wie mit Klatsch & Tratsch: Egal, was an einer unangenehmen Geschichte wirklich dran war – irgendetwas davon bleibt immer im Gedächtnis hängen.

Für die Unternehmen liegt zwischen Gammelfleisch und Glassplittern eine unüberschaubare, unüberschaubar gefährliche Grauzone: *Whistleblowers* könnten unappetitliche bis unanständige Zustände aufdecken. Erpresser könnten ein Unternehmen an seiner verwundbarsten Stelle unter Druck setzen (was auch oft genug passiert). Und frustrierte Mitarbeiter kommen durchaus auf den Gedanken, ihren Frust durch Produktsabotage zum Ausdruck zu bringen: Mit einschlägigen Geschichten aus diesem Bereich lassen sich immerhin ganze Buchkapitel füllen.[133]

Rache per Mausklick

Um es kurz zu machen: PC und Internet sind heutzutage offenbar Inspiration und Instrument der Wahl für jeden, der Rache im Sinn hat. Im Internet sind Anleitungen für Angriff wie auch für Verteidigung zu Zehntausenden zu finden, und Computerexperten können aus dem Stand mehrstündige Vorträge zum Thema halten. Selbst wenn ihre Ausführungen zu den Gefahren durch *Defacement, Botnets, DdoS*-Attacken und schlecht gesichertes WLAN für den Laien ungefähr so verständlich sind wie eine koreanische Radiosendung, so wird doch eines sofort klar: Die Angriffsmöglichkeiten sind nahezu grenzenlos – und die Schäden, die sich theoretisch anrichten lassen, auch.

Das gilt nicht nur für erfahrene Hacker, sondern für alle, die in etwa wissen, wie Computer und das *world wide web* funktionieren. Es gehört nun mal nicht viel Sachverstand dazu, »aus Versehen« den Anhang einer dubiosen E-Mail zu öffnen und in Ruhe abzuwarten, was passiert. Und irgendwas *wird* wahrscheinlich passieren, schließlich sind die Virenprogrammierer ungeheuer kreativ: Allein im ersten Halbjahr 2006 verzeichnete das renommierte, auf IT-Sicherheitsfragen spezialisierte Software-Unternehmen Symantec 6784 bisher völlig unbekannte Win32-Viren und Würmer. Gegen diese Schädlinge der neuesten Generation schützen Virenscanner übrigens so sehr wie eine Wellblechhütte vor einem Orkan. Denn einmal auf der Festplatte angedockt, können sie sich selbständig verändern, um der Entdeckung durch Virenschutzprogramme zu entgehen.[134]

Experten sind überzeugt, dass die meisten erfolgreichen Computerangriffe gegen Unternehmen von innen geführt werden. Schon Ende der neunziger Jahre war vorhersehbar, dass die eigentliche Schwachstelle der ganzen Technik nicht etwa in Hard- und Software steckt, sondern in den Unternehmen am Computer hockt: »Nicht zuletzt in der Datenverarbeitung sind viele Arbeitsplätze zu schlechtbezahlten Routinetätigkeiten verkommen. (...) Da baut sich ein gigantisches Frustpotenzial auf – mit gravierenden Folgen. Denn es liegt auf der Hand, welche Möglichkeiten diese Menschen haben, ihre Vorgesetzten mit Sabotage & Co. zu ärgern.«[135] Aus der Vorhersage von 1998 ist inzwischen eine teure Tatsache geworden. Sie trägt den schönen Namen *Cyber Revenge*.

Aus Frust die Festplatte gelöscht

Eine Studie des amerikanischen *Secret Service* und des renommierten CERT-Computerforschungs- und Entwicklungszentrums der Carnegie Mellon Universität kommt zu dem Schluss, dass Rache am Chef das Hauptmotiv für Computersabotage ist. Der im Mai 2005 veröffentliche Bericht mit dem Titel »*Insider Threat Study*«[136] beschäftigt sich mit dem erhöhten Sicherheitsrisiko, das enttäuschte und frustrierte (Ex-)Mitarbeiter für verwundbare Branchen wie Kommunikation, Lebensmittelindustrie, Wasser- und Energieversorgung, Transportwesen, chemische Industrie, Gesundheitswesen, Banken und Finanzen sowie für die gesamte Regierungs- und Verwaltungsstruktur darstellen. Ergebnis: 84 Prozent der untersuchten Fälle waren zumindest teilweise auf Rache zurückzuführen; 86 Prozent der Täter hatten eine Stelle im IT-Bereich; die meisten von ihnen hatten die Tat zuvor in aller Ruhe geplant.[137]

Damit Industrie, Handel und Behörden die Untersuchungsergebnisse auch wirklich ernst nehmen und sich um die Einführung von Sicherheitsmaßnahmen kümmern, führt die Studie eine ganze Sammlung beeindruckender Fallbeispiele an. Darin verweigern Computer-Saboteure Kunden und Kollegen durch die Änderung sämtlicher Passwörter den Zugriff auf das System, oder sie versuchen wenigstens, den Arbeitgeber durch eine entsprechende Drohung zu erpressen. Sie löschen alles, was gut und teuer ist, von internen Lagerverwaltungsprogrammen und vertraulichen Kundeninformationen bis hin zu vollständigen Adressdateien, Buchhaltungsdaten und Sicherungskopien. Sie installieren Viren oder »*logic bombs*«, die automatisch das System zerstören, sobald eine bestimmte Datenkonstellation eintritt – etwa die Streichung des Rächernamens aus der Gehaltsbuchhaltung. Sie schaffen sich für spätere Aktionen in Ruhe einen verdeckten Zugang zur Systemverwaltung. Sie stellen Pornografie auf Webseiten von Arbeitgebern und Kunden. Oder sie legen gleich tagelang das ganze Netzwerk lahm. Und das alles gerne bequem von zu Hause aus, wozu hat man schließlich einen externen Netzzugang.

Der Auslöser für solche Aktionen war fast immer ein einschneidend frustrierendes Erlebnis am Arbeitsplatz[138] (was ganz nebenbei eine der Kernthesen der Racheforscher bestätigt): eine vorhergehende Auseinandersetzung mit einem Vorgesetzten, eine Rüge durch einen Vorgesetzten, schon länger aufgestauter Ärger oder aber ein negatives Schlüsselerlebnis wie Versetzung, Verschiebung einer in Aussicht gestellten Beförderung, Kündigung. Die Folgen für die betroffenen Firmen: erhebliche finanzielle Verluste, erhebliche Einschränkung der Geschäftsfähigkeit, erheblicher Schaden fürs Image. Und möglicherweise auch erhebliche Folgeschäden für die Kunden, etwa wenn vertrauliche Daten wie Kreditkarten-Informationen in die falschen Hände geraten.

Vom Hobby-Hacker zum E-Mail-Bomber

Spektakuläre Sabotageaktionen wie die in der CERT-Studie beschriebenen klingen so abgehoben, dass ein Verharmlosungsreflex verführerisch nahe liegt: »In Amerika vielleicht, aber bei uns doch nicht!« Für diese Vermutung spricht die Feststellung des BSI, dass in Deutschland zwar 80 Prozent der IT-Verantwortlichen die Wirtschaft durch mangelnde IT-Sicherheit gefährdet sehen – doch nur knapp ein Viertel den eigenen Laden als »akut bedroht« einstuft.[139] Besorgt stellt die Behörde fest: »In den Unternehmen wird das Thema Sicherheit oft erst nach einem Schadensfall ernst genommen.«[140] Die leicht wirklichkeitsfremde Risiko-Einschätzung der Unternehmen geht vermutlich darauf zurück, dass die älteren Semester, die mehrheitlich die Chefsessel bevölkern, in der Regel nicht die geringste Ahnung davon haben, welche Unmengen an Anregungen und Anleitungen jedem ihrer Untergebenen jederzeit zur Verfügung stehen.

Als *Warm-up* für genervte Mitarbeiter bieten sich zwei zielgruppengerechte Computerspiele an. Zum Thema »Rache am Chef« in jeder besseren Medienversandhandlung im Angebot: »Gefeuert! – dein letzter Tag«, vom Hersteller als »die ultimative Rachesimulation« mit »über 130 Ereignissen« beworben.[141] Und »*Shoot the Chief*«, Werbeslogan: »Davon träumt fast jeder Angestellte ... sich mal so richtig Luft machen und den Chef einfach abschießen«.[142]

Geschossen wird bei dieser »lustigen Chefjagd im Büro« zwar nur mit Papierkügelchen und Bleistift-Armbrust. Das Ganze ist also letztlich nicht mehr als ein stinknormales Moorhuhnspiele, mit dem einzigen Unterschied, dass die beweglichen Ziele hier so ausschauen wie Vorgesetzte. Doch die Schöpfer von »*Shoot the Chief*« sahen offensichtlich genau darin eine attraktive Vermarktungschance: Der Chef als Moorhuhn, da freut sich der frustrierte Mitarbeiter.

Und wenn er genug gespielt hat, wird er möglicherweise höchst real aktiv. Sehr naheliegend ist es, den Chef auf alle möglichen Junkmail-Listen zu setzen. Schließlich gibt es Unmengen davon, von »Rolex«-Angeboten bis zu Porno-Plattformen, und alle sind sie unglaublich lästig und unglaublich schwer von einmal betroffenen E-Mail-Postfächern fernzuhalten. Wer keine Lust hat, solche Aktionen in Handarbeit durchzuführen, der kann sich im Internet ganz ohne Mitgliedschaft in finsteren Hackerclubs die entsprechenden Programme besorgen und seinen Chef quasi vollautomatisch mit Spam zumüllen. Im Netz kann er auch ganz einfach Hacker-Handbücher und CD-ROMs mit E-Mail-Bomben (»Wollten Sie schon immer jemandem 1000 E-Mails auf einmal schicken?«) und SMS-Viren (verfügbar für alle Mobiltelefon-Hersteller) bestellen. Für gehobene

Ansprüche bietet »Hacker's Best« auch *Nuke*-Programme an: »Mit diesen Programmen kannst du einen PC ganz einfach zum Absturz bringen«, verspricht die Internet-Werbung. Anleitungen und Programme zur erforderlichen Wahrung der Anonymität werden frei Haus mitgeliefert.

Der Schutz, den *Firewalls* gegen solche Attacken bieten, ist relativ: Erstens ist er nur so gut wie der System-Administrator, der die *Firewall* betreut. Zweitens kann der wiederum so gut sein, wie er will – wenn sein Budget für umfassende Schutzmaßnahmen nicht reicht, hat der Schutzschirm eben Löcher. Und drittens lässt sich mit einer *Firewall* gegen menschliche Tücke – etwa wenn sich ein (Ex-)Kollege gezielt das Vertrauen eines anderen erschleicht, um Passwörter herauszubekommen und Daten zu manipulieren – nun mal rein gar nichts ausrichten.

Im Vergleich dazu ist es ein schon altvertrautes Schreckgespenst, dass ein Untergebener sich den Computer vom Chef genauer anschauen könnte. Früher war eine Annäherung fast nur durch waghalsige Aktionen möglich: Wer sich traute, der nutzte eine kurze Abwesenheit seines Vorgesetzten für einen Blick auf die Liste der Webseiten, die der zuletzt besucht hatte, um auf diese Weise süßen bis zartbitteren Geheimnissen auf die Spur zu kommen. Heute ist dank interner Vernetzung und externer Zugänge fast nichts mehr unmöglich; einschlägig motivierte Mitarbeiter können ihrem *Master* bequem vom eigenen PC aus einen Denkzettel verpassen. Zumal Passwörter zum Grausen von Systemverwaltern und Sicherheitsexperten selten ein Problem darstellen. Entweder sind sie engen Mitarbeitern sowieso bekannt und »für Notfälle« irgendwo in Reichweite des PCs notiert. Oder sie sind mit Hilfe von technisch versierten Freunden und Hacker-Programmen aus Internet-Shops so erstaunlich schnell zu knacken, dass diese Gefahr sogar dem BSI eine Warnung wert ist. Um genau zu sein: die Warnung Nummer 18 von insgesamt 127 Gefahrenhinweisen, die der

»IT-Grundschutzkatalog 2005«[143] zum Thema »vorsätzliche Handlungen von Innen- und Außentätern« gibt.

Eine riesige Datensammlung, die da auf Staatskosten der Öffentlichkeit zur Verfügung gestellt wird – schon allein ihre Existenz beweist, wie groß die Gefahren rund um die moderne Kommunikationstechnik tatsächlich sind. Und die in ihr genannten Beispiele zeigen, dass diese Gefahren nicht selten auf die Rachegefühle frustrierter und unzufriedener Mitarbeiter zurückgehen. Entsprechend deutlich fallen die Warnungen der Behörde vor »Störungen des Betriebsklimas« aus: »Durch ein positives Betriebsklima werden die Mitarbeiter einerseits zur Einhaltung von IT-Sicherheitsmaßnahmen motiviert, andererseits wird die Gefahr von *fahrlässigen oder vorsätzlichen Handlungen* reduziert. (...) Das Betriebsklima und das Verhalten von Mitarbeitern kann besonders bei großen Veränderungen, wie etwa bei Outsourcing-Vorhaben, von besonderer Bedeutung sein: *unzufriedene oder verärgerte* Mitarbeiter können ein solches Vorhaben zum Scheitern verurteilen (z. B. Kündigung von Know-how-Trägern in kritischen Phasen der Veränderung oder *bewusstes Ignorieren von Sicherheitsanweisungen*), was für das Unternehmen in der Folge existenzbedrohend sein kann.«[144]

Die Macht des *world wide web*

Jeden Tag wird deutlicher, dass die weltweite Vernetzung neben den Angriffsmöglichkeiten über die Technik noch einen weiteren Gefahrenherd für die *Masters* in sich birgt: die rasend schnelle und globale Verbreitung von Informationen. Das Internet mit seiner quasi unendlichen Reichweite ist ein ideales Publikationsmedium – auch für Mitarbeiter, die Kritisches über Chefs, Arbeitsbedingungen und Arbeitgeber äußern möchten. Das passiert immer öfter in *Blog*s, also persönlichen, aber öffentlich zugänglichen Internet-Tagebüchern. Ist die darin veröffentlichte Information sachlich und von jedermann nachprüfbar oder mit Beweisen versehen, kann sie durchaus dazu beitragen, den Ruf einer Firma zu ruinieren. Und das passiert manchmal innerhalb von nur fünf Tagen weltweit, wie der Fall der amerikanischen Sicherheitsfirma Kryptonite beweist.[145] Auslöser für die PR-Katastrophe war ein *Blog*, in dem per Videoclip demonstriert wurde, wie schnell sich das Bügelschloss »Evolution 2000« der Firma knacken lässt.

Ein einzelnes kleines Filmchen in den Weiten des Internet soll für eine seriöse Firma zum Image-GAU werden können? Schwer vorstellbar, aber wahr. Denn *Blogs* zu verwandten Themen sind weltweit über Links verbunden. Über die vernetzten multimedialen Tagebücher verbreiten sich Informationen, so die Einschätzung des Journalisten Michael Lang, nach denselben Mechanismen wie Virusepidemien in der realen Welt.[146] Innerhalb kürzester Zeit kann der Image-Schaden also gigantisch sein. Was übrigens auch die Computerfirma Dell zu spüren bekam: Deren Service wurde von entnervten *Bloggern* »Dell Hell« getauft[147] – ein wenig schmeichelhaftes Etikett, das aber im *world wide web* unter Insidern zum feststehenden Begriff geworden ist und sich selbst durch teuerste PR-Maßnahmen nicht mehr aus dem Netz entfernen lassen wird.

Das Internet als gewaltiges Brennglas, mit dem sich individuelle Meinungen, Vorwürfe, Behauptungen, Erfahrungen, Indiskretionen und natürlich auch gezielte Attacken auf Produkte, Personen und Firmen schnell und wirksam bündeln lassen – da geht garantiert nie mehr eine Einzelmeinung verloren. Und kleine harmlose *Chatforen* können urplötzlich ein Kesseltreiben verursachen, vor dem nach Ansicht des Medienjournalisten Alex Rühle sogar Weltkonzerne Angst haben.[148] Denn die Zeiten, in denen das Urteil einer einzelnen Person nicht zählte, sind endgültig vorbei. Das zeigt der Fall

Sony BMG: Ein *Blogger* wies nach, dass ein – inzwischen zurückgezogener – CD-Kopierschutz der Firma so aggressiv ist wie ein Computervirus. »Früher hätte der Mann einen Brief geschrieben und eventuell eine schmallippige Antwort bekommen. Heute, in Zeiten der globalen Stiftung WWWarentest, löste seine Erkenntnis einen Orkan im Netz aus. Am Ende entschuldigte sich der Chef des Musikkonzerns persönlich in einer Pressekonferenz.«[149]

Mitarbeiter-*Blogs* als Meinungsmacher

Inzwischen sind die Konzerne natürlich darauf gekommen, dass sie mit Hilfe von Honorarkräften im Tarnanzug »unabhängiger« *Blogger* gezielt das Firmenimage aufpolieren können. Und dass sich *bloggende* Führungskräfte als locker und aufgeschlossen verkaufen lassen. Wie schnell dieses »innovative PR-Instrument« jedoch zum Rohrkrepierer werden kann, verdeutlichen die *Blog*-Geschichten um Siemens-Chef Klaus Kleinfeld. Der machte im Mai 2005 erstmals Negativschlagzeilen im und ums Internet: »Als Rohrkrepierer entpuppten sich (...) Beschönigungsversuche seiner Kommunikationsexperten bei einer Kleinfeld-Biografie im Online-Lexikon Wikipedia. Dort gilt ein Prinzip: Jeder kann an den Artikeln mitschreiben. Das nutzten die Kleinfeld-Adlaten aus. Sie strichen und entschärften missliebige Ausdrücke und Passagen, etwa die Charakterisierung als ›neoliberal‹ und negative Aussagen zur misslungenen Sanierung der Handysparte.«[150]

»Gravierende Fehler bei der Imagepolitur« ist dieser Abschnitt einer Titelstory des renommierten Finanzmagazins *Capital* überschrieben. Zur Illustration sind auch zwei ebenso aufschlussreiche wie Aufsehen erregende Varianten eines Portraitfotos zu sehen, das Kleinfelds eigene Presseabteilung online gestellt hatte. Das Bild, das Kleinfeld zunächst mit und später ohne eine Armbanduhr im Wert von mehreren tausend Euro zeigte, wurde – wie im Internet nicht anders zu erwarten – sofort publik und ging als »Rolex-Affäre« in die Vita des Siemens-Lenkers ein.[151]

Dabei könnte man diese kleine Korrektur durchaus als Geste des Feingefühls gegenüber den Mitarbeitern interpretieren. Schließlich präsentiert Kleinfeld sich offenbar gerne als »Vorstand zum Anfassen«, der es allen Mitgliedern der großen Firmenfamilie ermöglicht, mit ihrem obersten Konzernherrn jederzeit über dessen *Blog* persönlich in Kontakt zu treten.

Im September 2006 taten viele Mitarbeiter das dann auch. Allerdings nicht wie erbeten ganz brav zum Thema Kundenzufriedenheit, sondern zum Thema Gehaltserhöhung. Das Bekanntwerden einer geplanten Erhöhung der Vorstandsbezüge um satte 30 Prozent setzte allen eventuell vorhandenen Spekulationen zum Thema »Feingefühl« abrupt ein Ende. Und die bissigen Kommentare der Belegschaft, gelangten – auf welchen Wegen auch immer – in die Medien. Journalisten und Redakteure fanden erkennbar Gefallen daran, die hausinternen Botschaften der Mitarbeiter an Herrn Kleinfeld der Öffentlichkeit zugänglich zu machen, und beschäftigten sich tagelang mit den frappierendsten *Blog*-Beiträgen. Kostproben: »Mit Ihrer Gehaltserhöhung löschen Sie zielsicher auch das letzte Fünklein Motivation beim einzelnen Mitarbeiter aus«; »Es mag Sie persönlich nicht berühren, dass das, was hier abläuft, regelrecht krank macht. Es ist Ihnen aber sicher bewusst, dass Mitarbeiter, die in ständiger Angst um ihren Arbeitsplatz leben, keine Höchstleistungen vollbringen können«; »Ich frage mich schon lange, wohin Leute wie Sie unsere Gesellschaft treiben« und: »Wenn ich meinen Job nicht richtig mache, kriege ich dann auch 30 Prozent mehr?«[152]

Erstmals waren in Deutschland *Blog*-Beiträge in aller Munde. Die authentischen Kommentare verbitterter Mitarbeiter brachten, einmal veröffentlicht, die allgemeine Stimmung auf den Punkt und trugen massiv zur radikalen Verurteilung der Manager-Maßlosigkeit bei. Und als kurz darauf die taiwanesische Firma BenQ, an die Siemens erst ein Jahr zuvor seine Handysparte verscherbelt hatte, Insolvenz anmeldete und mehr als 3000 Mitarbeitern die baldige Arbeitslosigkeit in Aussicht stellte, war der Ofen aus. Politiker fanden scharfe Worte, Leitartikler noch schärfere, und so wurde die Affäre zum vorläufigen Höhepunkt der öffentlichen Diskussion um Habgier und moralisches Versagen der Führungselite.

Die Siemens-Mitarbeiter, die Herrn Kleinfeld per *Blog* die Meinung geigten, waren mutig: Um überhaupt Zugang zum elektronischen Tagebuch ihres obersten Chefs zu bekommen, mussten sie sich persönlich identifizieren. Internet-Nutzer, die in frei zugänglichen *Blogs* Kommentare abgeben und in offenen Foren chatten, können jedoch – sofern sie sich clever anstellen – ihre Identität meistens verbergen. Wenn sie einem Produkt, einem Firmenvertreter oder gleich der Firma selbst den Kampf ansagen, sich jedoch nicht über ihre Motive äußern, bleibt den betroffenen Katastrophenchefs nur Rätselraten. Hinter den Enthüllungen könnten schließlich sehr verschiedene Leute stecken: Verbraucherschützer; ganz normal frustrierte Konsumenten; *Whistleblowers,* die im Schutz der Anonymität auf Missstände innerhalb ihres Unternehmens aufmerksam machen wollen – oder aber drangsalierte Untergebene, denen es in erster Linie um Rache geht.

»Scherzartikel« für den Chef

Undercover-Arbeitsverweigerung, Diebstahl, Sabotage – alles Aktionen, die lästig, teuer und/oder schadenträchtig sind. Die Folgen halten sich, philosophisch betrachtet, trotzdem in Grenzen: In dieser Form richtet sich

Vergeltung für erlittenes Unrecht »nur« gegen den *Master* in seiner Vorgesetztenfunktion, »nur« gegen die Firma, kurz: diese Racheaktionen kosten »nur« Geld. Es kann jedoch auch deutlich schlimmer kommen. Schließlich gibt es Formen der Rache, die nicht am Firmenausgang enden, sondern direkt auf die Persönlichkeit eines Menschen zielen und im Extremfall sogar das Privatleben zur Kampfzone machen.

Auch hier spielt das Internet wieder eine zentrale Rolle – als schier unerschöpfliche Quelle der Information und Inspiration genauso wie als denkbar schnelles, denkbar einfach zu bedienendes Rachewerkzeug. Und während die Öffentlichkeit nur langsam begreift, was im Netz und durch das Netz so alles passiert, gehen die Netz-Unternehmer munter ihren Geschäften nach. Auch dem Geschäft mit der Rache. Einschlägige Versandbuchhandlungen wie www.undercoverpress.com, wo Titel wie »*Get Even – the Complete Book of Dirty Tricks*« erhältlich sind, könnte man schon fast als Traditionsunternehmen bezeichnen. Relativ neu hingegen sind Online-Racheshops, die bequeme Vergeltung per Mausklick anbieten.

In Deutschland steckt dieser Geschäftszweig noch in den Kinderschuhen. Doch im angloamerikanischen Sprach- und Webraum bietet inzwischen eine beachtliche Anzahl von Online-Rachedienstleistern ein ebenso beachtliches Servicespektrum an, »*for entertainment purposes only*«[*], versteht sich. Auch wenn bisher weder Soziologen noch Betriebswirtschaftler dieses Phänomen so richtig ausgeleuchtet haben: Die Geschäfte im Rachebereich laufen offenbar ganz gut, sonst gäbe es wohl kaum so viele Anbieter im Netz. Da scheint es nur noch eine Frage der Zeit zu sein, bis auch diese »Mode«, ausgehend von Großbritannien und den USA, den Rest der Welt erobert.

---

[*] Ausschließlich zu Unterhaltungszwecken

Die Angebote der kommerziellen Racheseiten sind einander recht ähnlich und stammen allesamt aus der Kategorie »schlechte Scherze«. Für Websites wie www.thepayback.com und www.revengeguy.co.uk gehört ein Versandangebot für Rachebotschaften zum Standard. Die Kunden können zwischen zahlreichen Motiven und Textvorschlägen wählen, je nach Anlass und Anbieter sogar zwischen »Normalversion« und »Klartext«. Der Versand erfolgt auf Wunsch selbstverständlich anonym. E-Mails ohne Absender gehören dabei in den harmloseren Bereich, ebenso wie lustige Aufkleber (»*I masturbate*«) für Autos und Türen. Weniger harmlos, jedenfalls für empfindlichere Seelen, sind Voodoopuppen mit wie aus dem Gesicht geschnittenem Chef-Konterfei, die man sich extra fürs Büro anfertigen lassen kann. Das speziell auf individuelle Kundenwünsche zugeschnittene Toilettenpapier mit dem Gesicht vom Chef auf jedem Blatt, vom Hersteller als »*therapeutic workplace revenge*« angepriesen, wird auf die so Portraitierten wahrscheinlich ähnlich verstörend wirken.

Und selbst robuste Gemüter werden wohl erst mal schlucken, wenn sie anonym Geschenkpackungen zum Thema »Mundgeruch«, »Körpergeruch«, »Schuppen«, »Alkoholproblem«, »erotischer Versager«, »Geizhals« oder, logo, »schlechter Chef« erhalten. Dabei ist damit das Ende der nach unten offenen Schockskala noch gar nicht erreicht. Wer will, kann schließlich auch anonym und preiswert einen toten Fisch in Geschenkpapier verschicken.

Zum Service solcher Webseiten gehört oft ein nicht öffentlich zugängliches Chat-Forum, in dem registrierte Teilnehmer Erfahrungen austauschen und sich Rat und Hilfe holen können. Das einschlägige Angebot wird gewöhnlich abgerundet durch eine Plattform für persönliche Kundenbeiträge in Text, Bild und Ton zum Thema »meine beste Rachegeschichte«. Eine solche Rubrik findet sich übrigens auch auf Webseiten wie www.toxicboss.com, die Storys rund um schlechte Chefs mit dem Verkauf eher harmloser Produkte und mit Hilfsangeboten für Betroffene verbinden. Das wirkt und ist bestimmt sehr seriös. Aber gleichzeitig sind solche Rubriken für einschlägig Interessierte eine geradezu fantastische Ideensammlung.

Das Computerspiel »*The Revenge of McSchmisk*« hingegen ist nicht etwa bei einer der kommerziellen Racheseiten im Angebot. Sondern es wird von Pädagogen, die es im Rahmen eines Schülerprojekts entwickeln ließen, online zum Kauf angeboten. Das Spiel dreht sich um den Hausmeister Gregor McSchmisk, der gefeuert wurde und nun Rache schwört. Aufgabe der Spieler: »*to help Gregor kidnap his former boss' daughter so that he can blackmail his former boss.*«[153] Racheplanung als Schulaufgabe – da müssen sich die Racheshops im Netz wohl kaum Gedanken über Kundennachwuchs machen.

Anregungen aus dem Netz

Der anonyme Versand unangenehmer E-Mails und »Geschenke« ist nur ein kleiner Teil der Rachedrohung aus dem Netz. Wer heutzutage nach originellen Vergeltungsideen sucht, muss kaum ein Stündchen googeln, und schon hat er Anregungen genug beisammen, um seinem Opfer auf jede nur erdenkliche Weise die Hölle heißzumachen. Das mag skandalös erscheinen, aber es ist nun mal eine Tatsache, und die einschlägigen Webseiten werden durch Totschweigen bestimmt nicht aus dem *world wide web* verschwinden.

Die *Masters* tun also gut daran, sich vorsorglich mit dem Gedanken vertraut zu machen, dass ein frustrierter Mitarbeiter Rachestorys aus dem Netz zum Vorbild nimmt und diverse Getränke seines Chefs mit Spucke oder Abführmitteln anreichert; dass er seinem als Allergiker bekannten Chef einschlägig berüchtigte Wirkstoffe unterjubelt; dass er strategisch wichtige Schrauben aus Chefsesseln entfernt, bei sommerlichen Temperaturen Milch in Klimaanlagen von Dienstwagen schüttet oder aber Chef-Teppiche und Chef-Grünpflanzen mit körpereigenen Säften besprenkelt.

Was in Chat-Foren, spezialisierten Websites und immer häufiger auch in Rache-*Blogs* zu finden ist, lässt sich je nach persönlicher Perspektive als reine Notwehr, gerechte Vergeltung, längst überfällige Lektion, plumpe Meinungsmache, Wiederbelebungsversuch des Klassenkampfes, Anstiftung zu strafbaren Handlungen oder schlicht als kriminell interpretieren – die Wahrheit liegt in der Perspektive des Betrachters. Zählt er sich zum Lager der unterdrückten Mitarbeiter, dann wird er Erfahrungsberichte über den chefnahen Einsatz von Körperflüssigkeiten und verderblichen Lebensmitteln, die bei unsachgemäßer Lagerung zu starker Geruchsentwicklung neigen, möglicherweise als interessante Anregung betrachten.

Zählt er hingegen zum Lager der *Bullies, Mobbers* und *Masters of Disasters,* ist seine Entrüstung voraussichtlich groß über die primitiven Methoden, mit denen Menschen bisweilen an anderen Menschen Rache nehmen. Doch immerhin werden die mit einem deutlich erhöhten Ekelfaktor behafteten Anregungen aus dem Netz selbst diejenigen unter den Katastrophenchefs auf Trab bringen, die sich normalerweise über Diebstahl, Sabotage und andere rätselhafte Vorfälle in ihrer Umgebung keinerlei selbstkritische Gedanken machen. Sie werden sich nämlich zum ersten Mal in ihrem Chefleben die Frage stellen, ob sie einem Mitarbeiter wohl im Laufe der Jahre Grund genug gegeben haben, mit solchen Mitteln zurückzuschlagen.

Ausweitung der Kampfzone

Wenn es um den Einbruch feindseliger Mitmenschen in die eigene Privatsphäre geht, ist häufig von *Stalking* die Rede. Das aggressive Verfolgen, Belästigen und Bedrängen galt lange Zeit als reines Promiproblem nach dem Motto »lästige Fans sind der Preis des Ruhms«. Doch seit in den Medien immer häufiger von Fällen die Rede ist, in denen verlassene Beziehungspartner ihre Frauen terrorisieren, wird deutlich: *Stalking* kann jeden treffen. Zumal es inzwischen auch eine Spielart gibt, für die der Verfolger gar nicht auf die Straße muss: *Cyberstalking.* »(Das) ist die modernste Variante, einen geliebten oder verhassten Menschen zu verfolgen. Die Täter traktieren ihr Opfer mit zahllosen E-Mails, lästern öffentlich in Foren oder stellen peinliche, mitunter auch manipulierte Fotos ins Netz.«[154]

Das bekannteste Tatmotiv der *Stalker* ist ausgerechnet die Liebe – zurückgewiesene Liebe beim *Stalker*-Typ »Ex-Partner« und unerfüllte Liebe beim *Stalker*-Typ »Illusionist«, der einen unerreichbaren Menschen verfolgt. Doch es gibt auch den *Stalker*-Typ »Rächer«: Er wird aktiv, weil er sich über etwas ärgert, das sein Opfer getan hat, eingebildet oder real. Opfer *dieser Stalker* sind Politiker, Geschäftsleute, Arbeitskollegen – und Vorgesetzte.[155]

Stalking kann im Einzelfall furchtbar enden – trotzdem gehören Psychoterror-Techniken ins Repertoire jedes einschlägig spezialisierten Drehbuchautors. Und auch sonst gibt es in Film und Fernsehen Racheanregungen in Hülle und Fülle. Thriller und Psychodramen zeigen nur zu gerne, wie verwundbar selbst der Mächtigste ist, sobald er sich außerhalb seiner Machtsphäre bewegt, sobald es um sein Privatleben geht. So gesehen sind große Teile des Abendprogramms, vom Fernsehkrimi bis zum Hollywood-Klassiker, nichts anderes als eine aparte Auswahl mehr oder minder spektakulärer Rachemethoden: Da werden Telefonleitungen gekappt, Konten manipuliert, Autos in ihrer Fahrtüchtigkeit beeinträchtigt, Wanzen gelegt, belastende Indizien präpariert, »Beweise« für pädophile Neigungen auf Festplatten installiert, düstere Geheimnisse an die Medien verraten, Liebespaare durch angebliche Affären und Schmuddelsexgeschichten entzweit, Haustiere zu Bouillon oder Pastete verarbeitet. Es werden kräftige Herren aus dubiosen Kreisen engagiert, um »dem Feind« einzelne Fingerchen und anderes mehr zu brechen; und in der quotenstarken Telenovela »Verliebt in Berlin« versuchte einer der Protagonisten sogar über mehrere Folgen hinweg, seine Chefin Lisa zu vergiften. Versuchter Mord am Chef als Vorabendunterhaltung.

Selbstverständlich bietet auch das Internet im Bereich »Generalangriff auf das Privatleben« jede Menge Gebrauchsanweisungen – wer sucht, der findet. In seitenlangen Rachedossiers wird so ziemlich alles aufgelistet, was terrortauglich ist: Im Namen des Opfers bei Pizzadiensten oder Floristen Großaufträge ordern; Hunderte Zeitschriften, Versandhauskataloge und Newsletter abonnieren; per Nachnahme in rauen Mengen alles ordern vom Sexspielzeug bis zur Wohnzimmerschrankwand; zu unmöglichen Zeiten Taxis bestellen; Fernseh-, Schlüssel-, Elektro- und sonstige Notdienste kommen lassen; Privatpost abfangen und auf nützliche Infos prüfen; im Namen des Opfers Nachsendeanträge nach Irgendwo abgeben; den Garten mit Frostschutzmittel behandeln; Superkleber überall da zum Einsatz bringen, wo er maximale Freude auslöst; Auto als gestohlen melden oder wenigstens mit Speiseöl, Vaseline, Wandfarbe oder Montageschaum verzieren; Handy-Nummer des Opfers inklusive einschlägiger Sprüche auf öffentlichen Herrentoiletten hinterlassen; Kontaktanzeigen in Pornomagazinen und schräg spezialisierten Websites aufgeben; Kreditkarte als gestohlen melden und die neue mit Hilfe von ein paar Tricks gleich selbst einstecken; im Namen des Opfers schriftlich Telefon abmelden; Wohnung kündigen, Umzugswagen bestellen, um Auflösung des Arbeitsvertrags bitten.

Solche öffentlich zugänglichen und über Suchmaschinen in Nullkommanichts zu findenden Websites, in denen weder Fragen des Anstands noch des Strafrechts eine besondere Rolle spielen, lösen beim Leser erhebliche Beklemmung aus. Kein Wunder, dass sich so mancher Karriereexperte vor dem Hintergrund zunehmender Gewaltbereitschaft in der Gesellschaft sogar um Leib und Leben der Führungskräfte Sorgen macht: »Heute kann es passieren, dass einer der gemaßregelten Mitarbeiter durchdreht und ein Attentat auf seinen Vorgesetzten verübt. Im letzten Jahrzehnt hat sich in Amerika die Zahl der Mordfälle am Arbeitsplatz verzehnfacht.«[156]

Ein Blick zurück zeigt, dass es auch in Deutschland eine kleine Chronik einschlägiger Vorfälle gibt: ein arbeitsloser Familienvater erschießt drei Menschen, darunter auch seinen Ex-Chef;[157] ein 21-jähriger Mann attackiert seine Ex-Vorgesetzte mit Reizgas;[158] zwei 21 und 22 Jahre alte Männer bringen den Vorgesetzten des einen in seiner eigenen Badewanne um;[159] ein 27-jähriger gefeuerter Lehrling sticht mit einem Messer auf seinen Ex-Ausbilder ein;[160] ein Mitarbeiter versucht, einen Profikiller auf seinen Chef anzusetzen.[161]

Das *Deutsche Ärzteblatt* veröffentlichte unter dem Titel »Gewalt gegen Ärzte: Tödliche Bedrohung als Berufsrisiko«[162] eine bedrückende Statistik zum Thema Mord, Mordversuch und schwere Körperverletzung durch ehemalige Patienten und deren Angehörige. Schlagzeilen über Gewalt gegen Lehrer sind fast schon Normalität. Amokläufe von Schülern, ob in Erfurt oder in den USA, haben sich ins kollektive Gedächtnis eingegraben – da drängt sich durchaus die Frage auf, was wohl alles passieren könnte, wenn Vertreter dieser Generation irgendwann von ihren Chefs die Nase voll haben, aus welchen Gründen auch immer.

Es wird wohl nie zweifelsfrei zu klären sein, inwiefern solche Formen der Gewalt *auch* auf den Drang nach Vergeltung für wahrgenommenes Unrecht durch »die Gesellschaft« zurückzuführen sind. Doch ein amerikanischer Autor hat dem möglichen Zusammenhang zwischen Gewalt an Schulen und Gewalt am Arbeitsplatz bereits ein ganzes Buch gewidmet: »*Going Postal: Rage, Murder, Rebellion – from Reagan's Workplaces to Clinton's Columbine and Beyond.*«[163]

Nun sind spektakuläre Gewaltausbrüche von (Ex-)Mitarbeitern in den USA ein wesentlich ernsteres Problem als in Deutschland. Schließlich herrscht dort eher *»hire & fire«* als ein Kündigungs- und Arbeitnehmerschutz, der diesen Namen auch verdient; viele Mitarbeiter stehen gezielter Vorgesetztenschikane also weitgehend hilflos gegenüber. Darüber hinaus sind im Land der unbegrenzten Möglichkeiten auch Schusswaffen de facto unbegrenzt verfügbar. Und so läuft in den Staaten immer wieder mal ein gekündigter Mitarbeiter Amok und richtet an seinem früheren Arbeitsplatz ein Blutbad an. Wie zum Beispiel die kalifornische Postangestellte, die Anfang 2006 nach ihrer Entlassung in ihrem Postamt sechs Menschen erschoss.[164]

Im Vergleich dazu scheint die Situation hierzulande eher ruhig. Tätliche Angriffe auf Vorgesetzte kommen zwar vor und können tragische Folgen haben. Doch letztlich sind sie so extrem selten, dass der deutsche Durchschnittschef bestimmt nicht um sein Leben fürchten muss.

Trotzdem zeigt dieses Buch mit seiner aktuellen Bestandsaufnahme gängiger Vergeltungsmethoden, dass das Thema »Rache am Chef« das Reservat harmloser Bürowitzchen längst verlassen hat und sich ziemlich schnell in der Wirklichkeit ausbreitet. Psychologen stellen fest, dass ungerechte Vorgesetzte zwangsläufig mit ausgleichenden

Vergeltungsaktionen ihrer Mitarbeiter rechnen müssen. Naturwissenschaftler entdecken, dass Vergeltung für erlittenes Unrecht grundsätzlich Wohlgefühl erzeugt.

Gleichzeitig werden die *Masters* und ihre Karrieren quasi von Tag zu Tag verwundbarer, die moderne Technik macht's möglich. Und selbst wenn für Leib und Leben der Katastrophenchefs in der Regel keine Gefahr im Verzug herrscht, besteht für sie unterm Strich Anlass genug, endlich mal über ihr Verhalten nachzudenken. Wenn schon nicht aus Menschenfreundlichkeit, dann immerhin aus Furcht vor Rache. Nicht umsonst gehört der Zusammenhang zwischen Unrecht und Vergeltung zu den ältesten Weisheiten der Menschen: Man trifft sich im Leben immer zwei Mal, am Ende bekommt jeder das, was er verdient, Auge um Auge, Zahn um Zahn.

Anstelle eines Nachworts

Momentaufnahmen aus der Wagenburg oder: Aufrüstung statt Selbsterkenntnis

Mit den Schwächen schlechter Chefs lassen sich ganze Bücher füllen. Umfragen werfen Schlaglichter auf Frust und Rachelust am Arbeitsplatz. Immer öfter greift der Staat ein mit Gesetzen zum Schutz der Mitarbeiter vor Diskriminierung, *Bossing*, *Mobbing*. Unter Umständen drohen Schmerzensgeld- und Entschädigungsforderungen – für die Arbeitgeber der Katastrophenchefs kann das teuer werden.

Die Verdachtsmomente gegen die *Masters of Disasters* und ihre kleinen Schwächen sind erdrückend, die wirtschaftlichen Folgen sind es auch. Da sollte man meinen, solche »Führungskräfte« seien in der Lage, sich von lieb gewordenen Ausreden wie »Die sollen mich nicht mögen, die sollen arbeiten« zu verabschieden und einen neuen Kurs einzuschlagen. Zumal sie doch (fast) alle mal als Lehrling, Praktikant oder *Trainee* angefangen haben und einen reichen Erfahrungsschatz im Hinblick auf vorgesetzte Schikanechefs und nachfolgenden Arbeitsfrust besitzen müssten. Darüber hinaus sind sie, wie Berichten über hausinterne Führungskämpfe zwischen Alphatieren zu entnehmen ist, mit Funktion und Methoden von Vergeltung durchaus vertraut. Wenn sie die nicht schon höchstpersönlich zu spüren bekommen haben, so müssten sie doch wenigstens die Gefahr sehen, in der sie schweben.

Die Gefahr scheinen sie auch tatsächlich zu sehen. Doch anstatt daraus selbstkritische Rückschlüsse zu ziehen, wenden sie sich im Zweifel lieber an die Fairness-

Stiftung.¹⁶⁵ Die wurde vor ein paar Jahren extra zum Schutz drangsalierter Führungskräfte vor unfairer Behandlung durch ihresgleichen gegründet. Über eine Hotline und einen anonymen E-Mail-Briefkasten leistet die Stiftung Geschäftsführern, Vorständen und Teamleitern Hilfe, die sich Intrigen und »Psychoattacken« ausgesetzt sehen. Dank der Statistiken dieser im übrigen sehr verdienstvollen Einrichtung weiß man, dass sich 50 Prozent der Anrufer »gesundheitlich schwer angeschlagen« fühlen und 30 Prozent sogar »in einer scheinbar ausweglosen Lage« sind.¹⁶⁶ Wie viel Prozent der untergeordneten Mitarbeiter von Schikanechefs sich so fühlen, weiß man leider nicht. Immerhin: Die Existenz der Fairness-Stiftung zeigt, dass die Topetagen das Problem »Ungerechtigkeit im Job« durchaus erkennen. Allerdings in erster Linie dann, wenn es sie selbst betrifft.

Weniger empfindsame *Masters* gehen nicht zur Fairness-Stiftung, sondern sie gehen in den Buchladen und kaufen Werke wie »Die Peperoni-Strategie«.¹⁶⁷ Der Autor erläutert schließlich in seinem Kapitel »Mehr Biss: Strategien für Ihre Durchsetzungsstärke« bissige Taten, die dazu dienen sollen, Stärke zu zeigen und Grenzen zu ziehen: »Engagierte Mitarbeiter, die dieses Machtspiel nicht durchschauen, beißen sich an [Ihren] unlösbaren Aufgaben die Zähne aus, ohne zu bemerken, was gespielt wird. Schnell können *sie vor der versammelten Mannschaft* (sic) – aufgrund ihres vermeintlichen Versagens – als ungeeignet für komplexe Problemlösungen dargestellt werden.«¹⁶⁸

Na bitte, so zwingt man bockige Untergebene ganz locker in die Knie. Jedenfalls dann, wenn die nicht ihrerseits aus dem Buch ein paar Lektionen lernen. Zum Beispiel die, dass »bissige Taten« immer Schutz und Erziehungsmaßnahme zugleich sind, weil die zu erwartende Gegenwehr potenzielle Angreifer abschreckt.¹⁶⁹ Das sagen die Racheforscher übrigens auch: Wer vermutet, dass der andere ihm unfaires Verhalten in gleicher Münze heimzahlen könnte, der überlegt es sich wahrscheinlich zweimal, bevor er draufhaut. Ein gutes Rezept für den Umgang mit Möchtegern-Peperoni-Chefs.

Die Katastrophen-Manager: Augen zu und durch

Während ein Teil der Vorgesetzten sich anonym ausweint und ein anderer Teil sich für gehobene Machtkämpfe wappnet, leidet die große Mehrheit ganz offensichtlich unter gespaltener Wahrnehmung. Einerseits sind fast jeder Führungskraft die Gefahren durch Computersabotage, Diebstahl, Unterschlagung, Loyalitätsverlust sowie den »allgemeinen Werteverfall« irgendwie bewusst. Andererseits halten die Chefs sich selbst und die eigene Firma mehrheitlich für nicht besonders gefährdet.[170] Diese Haltung entspricht in etwa dem Umgang mit Meldungen über die drohende Klimakatastrophe: Jeder weiß, dass sie wohl irgendwie unvermeidbar ist, aber die wenigsten kommen auf den Gedanken, ihr Zweitauto zu verkaufen oder zumindest weniger Wasser zu verbrauchen.

Und wenn dann doch plötzlich und unerwartet in der eigenen Abteilung der Ernstfall eintritt – dann hüllt man sich in verlegenes Schweigen. »Es gibt offensichtlich so etwas wie die alltägliche Veruntreuung, über die Unternehmer nicht gerne sprechen.«[171] Kein Wunder: Es wirkt auf Kunden nicht gerade vertrauenerweckend, wenn sie erfahren, was Mitarbeiter hausintern so alles anrichten können. Und falls obendrein ruchbar werden sollte, aus welchen (möglicherweise durchaus nachvollziehbaren) Gründen es zu Sabotage und »ausgleichenden Gewinnmitnahmen« durch die Mitarbeiter kommt, drohen fatale Imageschäden. Das gilt vor allem für sensible Branchen wie Banken, Versicherungen und IT-Unternehmen.

Also zieht man es häufig vor, gewisse Inventurdifferenzen als systembedingt hinzunehmen und im Zweifelsfalle lieber keine Anzeige gegen hausinterne Übeltäter zu erstatten. Zumindest dann nicht, wenn die in der Chefetage sitzen: »Mit Tätern aus dem Topmanagement wird in der Regel deutlich nachsichtiger umgegangen als mit anderen Mitarbeitergruppen.«[172] Als Führungskraft hat man eben so seine Privilegien.

Das große Wegschauen und Schweigen führt dazu, dass viele Vergehen entweder gar nicht erst entdeckt werden oder zumindest nicht in den offiziellen Statistiken auftauchen – sämtliche Forscher sind sich einig, dass die Dunkelziffer riesig ist. Und wenn schon das Ausmaß von Sabotage, Diebstahl & Co. nicht völlig geklärt ist, bleibt die Ursachenforschung erst recht an der Oberfläche. Oder, mit den Worten des Vertreters eines großen Versicherungsunternehmens: »Unsere Kunden interessieren sich nicht für die Motive. Die sehen nur: ›Das Geld ist weg‹.«[173]

Doch in diesem bedauerlichen Fall springt, zumindest bei vorsichtigen Unternehmen, die Vertrauensschadenversicherung ein. Sie »schützt vor Vermögensschäden, die von Betriebsangehörigen und anderen Vertrauenspersonen vorsätzlich verursacht werden«,[174] und zahlt im Ernstfall ein ordentliches Trostpflaster. Und auch sonst kann, wer nur bereit ist, genug Geld auszugeben, durchaus einen Schutzwall aus Prävention, Abschreckung und Schadenersatzanspruch errichten.

Das große Geschäft mit den Folgen vom Frust

Entschlossenes Doktern an den Symptomen statt selbstkritische Beschäftigung mit den Ursachen – mit dieser Methode verdienen sich ganze Geschäftszweige eine goldene Nase. Unternehmensberatungen, Kreditversicherungen und

Softwarehersteller präsentieren im Anschluss an ihre Studien zu Wirtschaftskriminalität und Computersabotage mehr oder weniger diskret ihre Serviceleistungen zur Verbesserung der Betriebssicherheit. Erfinder von »*Integrity-Tests*«, »Persönlichkeitsinventaren zur Integritätsabschätzung« und »*Pre-Employment-Screenings*« versprechen – gegen Gebühr, versteht sich –, potenzielle Mitarbeiter mit krimineller Neigung schon im Bewerbungsverfahren zu entlarven und auszusortieren. Hersteller von Sicherheitstechnik machen hervorragende Geschäfte, und ganze Heerscharen von Detektiven bieten ihre Dienste im Kampf gegen die Machenschaften der Mitarbeiter an – oft mit verdeckten Ermittlungsmethoden, die jedem Fernsehkrimi Ehre machen würden.

Anstatt in die Verbesserung von Betriebsklima und Führungskräften werden Millionen in die Verbesserung von Kontrollsystemen gesteckt – das demonstriert Problembewusstsein und eiserne Handlungsbereitschaft, praktischerweise ohne persönliches Handeln zu erfordern. Dabei ist längst erwiesen, dass mehr Kontrolle nun wirklich keine Garantie für weniger Schäden ist. Und das nicht nur, weil die Hälfte bis zwei Drittel der »wirtschaftskriminellen Handlungen« in den Unternehmen eher durch Kommissar Zufall als durch Sicherheitstechnik ans Licht kommt. Sondern vor allem, weil *Management by Misstrauen* die Gefahrenlage nur noch verschärft. Tatendurstige Mitarbeiter werden dadurch nämlich nicht abgeschreckt, sondern eher angespornt. Merke: Wer seiner Firma wirklich schaden will, findet garantiert *immer* eine Gelegenheit. Außerdem empfinden bisher brave Mitarbeiter die Hochrüstung ihres Arbeitgebers oft als Misstrauensvotum und damit als ungerecht – womit auch ihre Motivation am Ende sein dürfte. Die Unternehmensberatung PricewaterhouseCoopers weist die Geschäftswelt ganz ohne lukratives Beratermandat darauf hin, dass ein Klima der Distanz und des Misstrauens die Wahrscheinlichkeit von Straftaten erhöht.[175]

Und was die Persönlichkeitstests zum Aussortieren charakterlich ungeeigneter Bewerber angeht, so sind diese angesichts der Untersuchungsergebnisse über die Mechanismen von Rache am Arbeitsplatz wohl größtenteils nur noch gut fürs Altpapier. Die Mitarbeiter bringen die »Neigung zu strafbaren Handlungen« nun mal in den seltensten Fällen mit ins Unternehmen. Vielmehr reift sie genau dort erst in ihnen heran – als Reaktion auf ständige Schikane von oben.

All diese Erkenntnisse könnten sich, flächendeckend in Leitlinien für die Praxis übersetzt, auf bahnbrechende Weise in den Bilanzen der Unternehmen niederschlagen. Trotzdem führen die Rache- und Unrechtsforscher weitgehend ein Schattendasein, und die großen Konzerne investieren statt in gezielte Forschungsaufträge für Psychologen, Soziologen und Neurologen lieber in Sportsponsoring. Das hilft zwar nicht der Firmenleistung auf die Beine, aber es ist dafür viel schicker. Und viel bequemer ist es auch.

Es scheint unter den Bossen ganz allgemein so eine Art stillschweigende Übereinkunft zu geben, sich lieber mit den Folgen als mit den Ursachen von Mitarbeiterfrust zu befassen. Davon haben schließlich alle was: Die *Masters* müssen sich keine unbequemen Fragen gefallen lassen und erst recht keine neumodischen Führungsmethoden lernen. Und die Anbieter von Präventions-, Protektions- und *Consulting*-Paketen machen weiterhin gute Geschäfte.

Die Mitarbeiter, für die kann man unter diesen Umständen natürlich leiderleider wenig machen. Da bleibt ihnen wohl nichts anderes übrig, als sich weiterhin auf ihre Weise zur Wehr setzen. Darüber hinaus haben sie in Zukunft allerdings auch die Möglichkeit, der Öffentlichkeit ihre ganz eigenen Erfahrungen und Meinungen in Sachen »Rache am Chef« mitzuteilen: Die Autorin freut sich über jede Zuschrift zum Thema – als Stoffsammlung für eine erweiterte Neuauflage.

Danksagung

Die Brisanz von »Rache am Chef« ist in entscheidenden Bereichen auf aktuelle Erkenntnisse der Wissenschaft zurückzuführen. Umso dankbarer bin ich den drei Experten, die sich spontan bereiterklärten, mich über ihre neuesten, bisher noch unveröffentlichten Forschungsergebnisse zu informieren: David A. Jones von der University of Vermont/USA, der mir den Entwurf seiner Arbeit »*Getting Even for Interpersonal Mistreatment in the Workplace: Triggers of Revenge Motives and Behavior*« überließ, und die Diplom-Psychologen Monica Krissel und Peter Essinger, mit denen ich ein ausführliches Interview über ihre Arbeiten zum Thema »Sabotage und Formen organisationaler Ungerechtigkeit am Arbeitsplatz« führen konnte.

Ein großer Teil der Arbeit an einem Sachbuch besteht aus Recherche. Die wiederum fällt so richtig ergiebig nur dann aus, wenn Firmen und Institutionen schnell und unbürokratisch Informationsmaterial zur Verfügung stellen und wenn Familienmitglieder, Freunde und Bekannte jede Menge gute Tipps und Ideen spendieren. In beiden Bereichen hatte ich wirklich Glück und bedanke mich nun herzlich bei Irina Ayukekba/Gallup Deutschland, Dr. Christian Ehrich, Lilli Hantke, Stephan Eichenseher und Sabine Hoppe/Proudfoot Consulting Deutschland, Dr. Christian Melcher, Ulrich Nickel/LKA Niedersachsen, Martin Paulicek, Adrian Peter, Stefan Pichler, Reinhard Günther, Werner Schauer/triptychon GmbH, Danny Schmidt,

Dr. Horst-Peter Schulz, Markus Stumpf und Ellen und Gerd Reinker.

Selbst das interessanteste Manuskript ist rein gar nichts wert, wenn es unveröffentlicht in der Schublade verstaubt. »Rache am Chef« kam gar nicht erst dazu, Staub anzusetzen – und das habe ich zwei schnell entschlossenen Herren zu verdanken: dem Agenten Dr. Harry Olechnowitz, der spontan Gefallen an meinem Text fand und sich sofort intensiv dafür einsetzte; und dem Verlagsleiter des Econ-Verlags, Jürgen Diessl, der auf Anhieb von dem Projekt überzeugt war und mir ganz entscheidende Tipps für die inhaltliche Ausrichtung gab.

Autoren sitzen bis zur endgültigen Fassung eines Manuskripts normalerweise monatelang einsam am Schreibtisch, in stummer Zwiesprache mit sich selbst und der Tastatur. Bei »Rache am Chef« war das anders: Dieses Buch ist erst durch viele lebhafte Diskussionen mit guten Freunden zu dem geworden, was es jetzt ist. Besonders viel habe ich meinen klugen Testleserinnen zu verdanken: Angelika Gutsche, Angela Hawkins, Carolin Otto, Dr. Irmgard Schmid, Heidrun Schoppelrey, Dr. Birgit Schumacher und Stephanie Wimmer sowie Silvie Horch, Lektorin beim Econ-Verlag. Mit Elan haben sie sich in jede neue Version vertieft, Argumentationsketten überprüft, Anregungen beigesteuert und mich ansonsten freundlich, aber unerbittlich auf jede kleinste Untiefe in Sachen Logik, Darstellung, Sprache und Humor aufmerksam gemacht.

An diesem Buch waren also viele Menschen beteiligt. Es wäre jedoch gar nicht erst entstanden ohne die schier unerschöpfliche Begeisterung, Diskussionslust, Geduld, gute Laune, Zuversicht und Zuneigung des besten Ratgebers, den ich mir überhaupt vorstellen kann: Ari Hantke, seit kurzem umständehalber Racheexperte und seit langem der Mann meines Lebens.

Anmerkungen

Teil I

1. M. Vorbeck: Ab heute bin ich Chef. Berlin 2004, S. 190
2. DAK-Gesundheitsreport 2006, S. 29
3. S. Klein, Die Glücksformel. Reinbek 2002, S. 186
4. Süddeutsche Zeitung: Forscher warnen vor Altersarmut, 22.8.2005
5. M. Schönberger: Mein Chef ist ein Arschloch, Ihrer auch? München 2004
6. R. Marr, A. Fliaster: Jenseits der Ich-AG. München/Mering 2003, S. 42 ff.
7. Ebd., S. 43 f.
8. U. Krystek et al.: Innere Kündigung. München/Mering 1995, S. 80, siehe auch The Proudfoot Report. Produktivitätsstudie 2005/06, S. 20
9. ProSieben, Produktion: Brainpool, Köln
10. DVD-Werbung
11. R. Marr, A. Fliaster: Jenseits der Ich-AG. München/Mering 2003, S. 23 f.
12. A. Koch, S. Kühn: Ausgepowert? Offenbach 2000, S. 81
13. D. Goleman et al.: Emotionale Führung, Berlin 2004, S. 37
14. Destatis, Pressemitteilung vom 22.3.2005
15. J. Martin: Erfolgreiches Personalmanagement nach dem Modell der vielfachen Intelligenzen. Nürnberg 2001, S. 249
16. F. F. Fournies: Warum Mitarbeiter nicht tun, was sie tun sollten. Düsseldorf/Berlin 2001
17. R. K. Sprenger: Das Prinzip Selbstverantwortung. Frankfurt/Main, New York 1999, S. 77
18. M. Vorbeck: Ab heute bin ich Chef. Berlin 2004, S. 152
19. Ebd., S. 156
20. Ebd., S. 157

Teil II

1. D. Goleman: EQ2 – Der Erfolgsquotient. München 2001, S. 133
2. Z. B. R. Frenzel: Das erste Mal Chef. München 2000, S. 49
3. D. Goleman: EQ2 – Der Erfolgsquotient. München 2001, S. 97
4. Ebd.
5. J. Weidner: Die Peperoni-Strategie. Frankfurt/Main 2005, S. 158
6. Ebd., S. 84

7 S. Klein: Die Glücksformel. Reinbek 2002, S. 274 ff.
8 *Süddeutsche Zeitung:* Krankenstand erreicht neuen Tiefstand, 28./29. 1. 2006
9 A. und B. Pease: Warum Männer nicht zuhören und Frauen schlecht einparken. München 2000, S. 123
10 Vgl. F. F. Fournies: Warum Mitarbeiter nicht tun, was sie tun sollten. Düsseldorf/Berlin 2001, S. 119
11 H. J. Kratz: Erfolgreich als Chef. Berlin 2003, S. 60
12 Vgl. C. Topf, R. Gawrich: Das Führungsbuch für freche Frauen. München 2002, S. 109 ff.
13 F. F. Fournies: Warum Mitarbeiter nicht tun, was sie tun sollten. Düsseldorf/Berlin 2001, S. 33 ff.
14 frei nach: S. Adams: Das Dilbert-Prinzip. München 2003, S. 75
15 A. und B. Pease: Warum Männer nicht zuhören und Frauen schlecht einparken. München 2000, S. 224
16 D. Goleman: EQ2 – Der Erfolgsquotient. München 2001, S. 213
17 M. Wehrle: Der Feind in meinem Büro. Berlin 2005, S. 37
18 J. W. Goldfuss: Endlich Chef – was nun? Frankfurt 2000, S. 74
19 H.-J. Nötges: Anleitung zum Misserfolg 2. Frankfurt/Main 1994, S. 77
20 J. Hollands: Same game, different rules. New York 2002, S. 152
21 D. Goleman et al.: Emotionale Führung. Berlin 2004, S. 31
22 S. Klein: Die Glücksformel. Reinbek 2002, S. 60 f.
23 M. Vorbeck: Ab heute bin ich Chef. Berlin 2004, S. 151
24 D. Goleman et al.: Emotionale Führung. Berlin 2004, S. 21 f.
25 Ebd., S. 37
26 F. F. Fournies: Warum Mitarbeiter nicht tun, was sie tun sollten. Düsseldorf/Berlin 2001, S. 172
27 Z. B. C. Topf, R. Gawrich: Das Führungsbuch für freche Frauen. München 2002, S. 133 ff.
28 J. Montier: Geld oder Glück? In: *Financial Times Deutschland,* 3. 8. 2005
29 R. K. Sprenger: Das Prinzip Selbstverantwortung. Frankfurt/Main, New York 1999, S. 238
30 J. W. Goldfuss: Endlich Chef – was nun? Frankfurt 2000, S. 98
31 G. Härter, C. Öttl: Unschlagbar durch gutes Teamwork. Nürnberg 2003, S. 45
32 F. Maro: Mitarbeiter sind so verletzlich. Regensburg/Düsseldorf/Berlin 2000, S. 60
33 M. Rohwetter: Alles unter Kontrolle, in: *Die Zeit,* 17. 11. 2005
34 K. Münk: Und morgen bringe ich ihn um! Frankfurt/Main 2006, S. 113

Teil III

1 F. Maro: Mitarbeiter sind so verletzlich. Regensburg/Düsseldorf/Berlin 2000, S. 31
2 Vgl. H. Schwarz: Chefsessel sind Schleudersitze, in: *Süddeutsche Zeitung,* 23. 5. 2006, S. 19
3 D. Goleman et al.: Emotionale Führung. Berlin 2004, S. 110 ff.
4 Ebd.
5 R. K. Sprenger: Das Prinzip Selbstverantwortung. Frankfurt/Main, New York 1999, S. 205, Hervorhebung im Original

6 R. D. Brinkmann, K. H. Stapf: Innere Kündigung. München 2005, S. 21 ff.
7 R. Marr, A. Fliaster: Jenseits der Ich-AG. München/Mering 2003, S. 92
8 U. Krystek et al.: Innere Kündigung. München/Mering 1995, S. 139 f.
9 A. Koch, S. Kühn: Ausgepowert? Offenbach 2000, S. 62 ff., siehe auch R. D. Brinkmann, K. H. Stapf: Innere Kündigung. München 2005, S. 40 ff.
10 K. L. Zellars, B. J. Tepper: Abusive Supervision and Subordinates' Organizational Citizenship Behaviour, in: *Journal of Applied Psychology* 2002, Vol. 87, Nr. 6, S. 1068–1076
11 The Gallup Organization Deutschland: Engagement-Index 2005/Pressemitteilung, S. 6
12 Ebd., S. 5
13 Erstausgabe USA 1996
14 Erstausausgabe Frankreich 2004
15 S. Adams: Das Dilbert-Prinzip. München 2003, S. 101
16 Ebd.
17 Ebd., S. 120
18 Ebd., S. 84 f.
19 C. Maier: Die Entdeckung der Faulheit. München 2005, S. 11
20 Ebd., S. 17, S. 149 ff.
21 Ebd., S. 18
22 Ebd., S. 12
23 U. Krystek et al.: Innere Kündigung. München/Mering 1995, S. 141
24 Ebd., S. 142
25 The Gallup Organization Deutschland: Engagement-Index 2005, Pressemitteilung, S. 3
26 Ebd., S. 7
27 Proudfoot Consulting: The Proudfoot Report. Produktivitätsstudie 2005/06, S. 32
28 Ebd., S. 22
29 Ebd., S. 10, S. 17
30 The Gallup Organization Deutschland: Engagement-Index 2005, Pressemitteilung, S. 4
31 Proudfoot Consulting: The Proudfoot Report. Produktivitätsstudie 2005/06, S. 32
32 Ebd., S. 20
33 Ebd.
34 The Gallup Organization Deutschland: Engagement-Index 2005, Pressemitteilung, S. 7
35 T. Meiler: AEG will Werk schließen, *dpa*, 10. 5. 2006
36 A. Neubacher: Amt macht krank, in: *Der Spiegel,* 17/2006, S. 96
37 The Gallup Organization Deutschland: Engagement-Index 2005, Pressemitteilung, S. 5
38 Ebd., S. 6
39 Destatis: Konsumausgaben der privaten Haushalte im Inland nach Verwendungszwecken, Fachserie 18, Reihe 1.4, 2005
40 R. Marr, A. Fliaster: Jenseits der Ich-AG. München/Mering 2003, S. 118
41 R. D. Brinkmann, K. H. Stapf: Innere Kündigung. München 2005, S. 108 f.
42 Mit Panzermine und Pistole ins Sozialgericht, in: *Der Tagesspiegel,* 15. 9. 2004
43 Ebd.
44 Parkplatz-Konkurrenten umgefahren, in: *Süddeutsche Zeitung,* 10. 11. 2005
45 Bewährungsstrafe nach Giftanschlägen, in: *Süddeutsche Zeitung,* 12. 10. 2005

46 H. Reuther: »Stärker als je zuvor...« Wie das Leben ohne Partner weitergeht, Berlin 2006
47 C. Gallagher, Berlin 2000
48 Vgl. Universität Zürich: www.iew.unizh.ch/home/fehr/science/Pressemitteilung_neuronale_Basis_von_Alt_Best.pdf: Wissenschaftler der Universität Zürich entdecken die neuronale Grundlage altruistischen Bestrafens, 26. 8. 2004
49 B. Kast: Rache tut gut, in: *Der Tagesspiegel,* 1. 9. 2004
50 S. Wohlwend: Sie wissen, wie der Laden läuft, in: *Handelszeitung* (CH), 18. 2. 2006
51 Rache, Neid und andere Wallungen, in: MDR, Hier ab vier, 28. 11. 2005
52 Arbeitsplatz: Ungerechtigkeit verstopft die Herzkranzgefäße. Pressemeldung medica.de, 12. 1. 2006
53 W. Schmidbauer: Blind vor Wut, in: *Geo Wissen,* 35/2005
54 R. v. Bredow: Macht der Niedertracht, in: *Der Spiegel,* 5/2006
55 Vergeltung für interpersonelle Ungerechtigkeit am Arbeitsplatz – Ursachen und Auslöser für Rachemotive und Racheverhalten., in: J. Greenberg (Hg.): Insidious Workplace Behaviour. Mahwah, New Jersey, USA, in Vorbereitung
56 Vgl. zum Folgenden ausführlich D. A. Jones sowie K. L. Zellars et al., J. H. Neumann, J. Johnston
57 Z. B. J. Weidner: »Die Peperoni-Strategie« Frankfurt/Main 2005, S. 160
58 D. Jones: Getting Even for Interpersonal Mistreatment in the Workplace. Mahwah, in Vorbereitung, S. 37
59 J. H. Neumann: Injustice, stress and bullying can be expensive!, Vortrag im Rahmen der Konferenz »Workplace Bullying 2000« am 28. 1. 2000 in Oakland, Kalifornien/USA, www.worktrauma.org/research/research_index.htm
60 C. Löwer: Die späte Rache der Gedemütigten, in: *Handelsblatt,* 4. 7. 2005
61 M. Krissel: Sabotage am Arbeitsplatz – der Zusammenhang zwischen der Wahrnehmung von Ungerechtigkeit am Arbeitsplatz, Sabotageverhalten sowie körperlicher und arbeitsbezogener emotionaler Befindlichkeit; und P. Essinger: Formen organisationaler Ungerechtigkeit, legitime Widerspruchsmöglichkeiten, Sabotage sowie physisches und arbeitsbezogenes affektives Wohlbefinden. Wissenschaftliche Arbeiten an der J. W. Goethe-Universität Frankfurt/Main 2005
62 K. Schaller: Wenn das Arbeitsverhältnis im Streit endet, in: www.sueddeutsche.de/jobkarriere/erfolggeld/artikel/698/16682/print.html
63 www.landesarbeitsgericht.niedersachsen.de
64 Recherche der Autorin
65 www.concordia.de/ww/pub/privatkunden/rechtschutz/beispiele.cfm
66 S. Dobel: Zum Abschied ein Virus, in: www.sueddeutsche.de/jobkarriere/erfolggeld/artikel/448/33415/4/print:html, 15. 06. 2004
67 R. Hoppe: Schreib mal wieder, in: *Der Spiegel,* 47/2006
68 640 Millionen Dollar Strafe?, in: *Der Spiegel,* 21/2006, S. 80
69 *dpa,* 12. 12. 2005
70 *Bild,* 15. 1. 2003
71 *dpa,* 12. 9. 2002
72 *Bild,* 22. 3. 2005
73 J. H. Neumann: Injustice, stress and bullying can be expensive!, Vortrag im Rahmen der Konferenz »Workplace Bullying 2000« am 28. 1. 2000 in Oakland, Kalifornien/USA
74 R. Sutton: Der Arschlochfaktor, München 2006, S. 43 ff.
75 Ebd., S. 41 ff.

76 B. Richardson: When office work turns ugly, in: *BBC News Online Business*, 12. 8. 2004
77 www.prweb.com/releases/2006/1/preweb331248.htm
78 Siehe Interview mit P. Essinger, M. Krissel, siehe S. 120 ff.; vgl. dazu auch J. Reidel: Cubicle Sabotage, in: www.uvm.edu/theview/article.php?id=1746
79 Vgl. B. Kast: Rache tut gut, in: *Der Tagesspiegel*, 1. 9. 2004
80 J. Hollands: Same game, different rules. New York 2002, S. 43
81 Vgl. dazu C. Boldebuck: Gleicher Lohn für gleiche Arbeit, in: *Stern*, 2. 11. 2004
82 MDR: Rache, Neid und andere Wallungen, siehe www.mdr.de/hier-ab-vier/rat_und_tat/412.hml
83 K. Münk: Und morgen bringe ich ihn um! Frankfurt/Main 2006, S. 102
84 Ebd., S. 103
85 Ebd., S. 101
86 Ebd., S. 146
87 www.toxicboss.com/leaving.htm
88 Z. B. bei www.nobullyforme.ca
89 www.bullyinginstitute.org
90 Ebd.
91 J. Hollands: Same game, different rules. New York 2002, S. 43
92 Z. B. www.netzwerkit.de
93 S. Gennermann: Wenn Führungskräfte zum Opfer werden, in: Arbeit und Arbeitsrecht Nr. 5/04, S. 27
94 Ebd.
95 www.sueddeutsche.de/wirtschaft/artikel/970/48922/print.html, 7. 3. 2005: Die Skandalwelle bei Boeing nimmt kein Ende
96 *Die Zeit*, 23/2006
97 F. Hornig: Nacktes Chaos, in: *Der Spiegel*, 3/2006
98 Ebd.
99 J. Doward, A. Hill: Revenge, in: *The Observer*, 19. 6. 2005
100 A. Kreye: Profil: Bob Woodward, Buchautor, der die Regierung Bush in Bedrängnis bringt, in: *Süddeutsche Zeitung*, 5. 10. 2006
101 J. Lürssen: Die heimlichen Spielregeln der Karriere. Frankfurt/New York 2002, S. 90
102 Pressemeldung der Gewerkschaft NGG vom 2. 12. 2005
103 Angabe der Behörde
104 Vgl. C. Welp, V. Sprothen: Heiße Nummer, in: *Handelsblatt*, 8. 5. 2006
105 Vgl. Handelsblatt, 18. 4. 2006: Ex-Mitarbeiter beschuldigen Boeing des Pfuschs
106 D. Hawranek: Wolfsburger Malaise, in: *Der Spiegel*, 16/2006, S. 78 ff.
107 J. Nitschmann: Strafverfahren wegen Erpressung, in: www.wdr.de/themen/wirtschaft/kriminalität/heros/060308.jhtml, 8. 3. 2006
108 Vgl. BSI-Grundschutzkatalog, Stand 12/05, Punkt G 5123
109 http://wireless.samsung.de/meldung.asp?id=1187
110 www.pwc.com/de/ger/main.home
111 Ebd., S. 4
112 Ernst & Young: Wirtschaftskriminalität in Deutschland – Nur ein Problem der anderen? 2003, www.de.ey.com, S. 18
113 www.wdr.de/themen/panorama/15/mitarbeiter_delikte/gaestebuch.jhtml
114 Selbstbedienung im Büro, in: *NZZ Online*, 20. 4. 2005
115 Bundeskriminalamt: Bundeslagebild Wirtschaftskriminalität 2004, S. 64
116 Ebd., S. 150

117 E. Kahle, W. Merkel: Fall- und Schadensanalyse bezüglich Know-how-/Informationsverlusten in Baden-Württemberg ab 1995. Universität Lüneburg 2004, S. 52 ff.
118 M. Gestmann: Sabotage am Arbeitsplatz. Landsberg/Lech 1998, S. 100 f.
119 Euler Hermes Kreditversicherung: Wirtschaft Konkret Nr. 302/2003: Gewappnet für den Ernstfall, S. 11; Hervorhebung der Autorin
120 Euler Hermes Kreditversicherung: Wirtschaft Konkret Nr. 300/2003: Wirtschaftskriminalität – das diskrete Risiko, S. 13
121 PricewaterhouseCoopers: Wirtschaftskriminalität 2005. Internationale und deutsche Ergebnisse, S. 26
122 S. Adams: Das Dilbert-Prinzip. München 2003, S. 99 f.
123 Selbstbedienung im Büro, in: *NZZ Online*, 20. 4. 2005
124 E. Buchhorn, K. Werle: Jeder für sich, alle gegen alle, in: *Manager Magazin*, 9/2004
125 D. Goleman: EQ2 – Der Erfolgsquotient. München 2001, S. 150
126 B. Siedenburg: Jeder nimmt sich, was er kann. Frankfurt/Main, New York 1999, S. 198 f.
127 Bundesamt für Sicherheit in der Informationstechnik: IT-Grundschutzkatalog 2005, G 5.1
128 M. Gestmann: Sabotage am Arbeitsplatz. Landsberg/Lech 1998, S. 43
129 Ebd., S. 222
130 Ebd.
131 H. Horrmann: Eine unappetitliche Geschichte, in: *Die Welt*, 18. 5. 2001
132 In: www.Netzeitung.de/internet/375512.html
133 Z. B. M. Gestmann: Sabotage am Arbeitsplatz. Landsberg/Lech 1998
134 Symantec: 10. Internet Security Threat Report, Sept. 2006, in www.symantec.com
135 M. Gestmann: Sabotage am Arbeitsplatz. Landsberg/Lech 1998, S. 212
136 Carnegie Mellon Software Engineering Institute, United States Secret Service, National Threat Assessment Center (NTAC), CERT: Insider Threat Study: Computer System Sabotage in Critical Infrastructure Sectors. Pittsburgh, PA-USA. www.cert.org
137 Ebd., S. 11, S. 14 f.
138 Ebd., S. 9, S. 14
139 Bundesamt für Sicherheit in der Informationstechnik: Die Lage der IT-Sicherheit in Deutschland 2005, www.bsi.bund.de, S. 10
140 Ebd., S. 9
141 Deutscher Lizenznehmer: dtp Entertainment AG
142 Deutscher Lizenznehmer: astragon, Klappentext CD-ROM
143 www.bsi.bund.de/gshb/deutsch/g/
144 www.bsi.bund.de/gshb/deutsch/m/m03008.htm; Hervorhebung der Autorin
145 M. Lang: Geschwätzige Tagebücher, in: *Süddeutsche Zeitung*, 19. 1. 2006
146 Ebd.
147 Ebd.
148 A. Rühle: Ritter der Schwafelrunde, in: *Süddeutsche Zeitung*, 3. 2. 2006
149 Ebd.
150 W. Hillebrand, W. Zdral: Die dunkle Seite der Macht, in: *Capital* 21/2006
151 H.-C. Dirscherl: Rache ist süß. Siemens-Mitarbeiter manipulieren Wikipedia-Eintrag, in www.sueddeutsche.de/computer/artikel/899/76823/print.html
152 A. Seith: Siemens-Mitarbeiter revoltieren im Internet, in: www.spiegel.de/wirtschaft/0,1518,druck-439346,00.html

153 Helft Gregor, die Tochter seines Ex-Chefs zu entführen, damit er ihn erpressen kann. www.geomatics.kth.se/sjoberg/homepage/mcschmisk.htm
154 www.wdr.de/themen/computer/1/cyberstalking/index.jhtml
155 Ebd.
156 F. F. Fournies: Warum Mitarbeiter nicht tun, was sie tun sollten. Düsseldorf/Berlin 2001, S. 7
157 Heimtückisch, in: www.sz-online.de/nachrichten/artikel.asp?1d=1137736
158 *dpa*, 23. 12. 2003
159 *dpa*, 11. 10. 2002
160 K. Berg: Motiv Mobbing? Mit Messer gegen den Chef, in: *Berliner Morgenpost*, 18. 11. 1999
161 Angeblich Mord an Chef geplant – Prozess gegen Ex-MVV-Mitarbeiter, in: http://rheineitung.de/on/06/03/27/rlp/t/rzo232906.html?markup=rzo232906
162 K. Püschel, O. Cordes in: *Deutsches Ärzteblatt* 98, Ausgabe 4, 26. 1. 2001
163 Amok. Wut, Mord, Rebellion – von Reagans Arbeitsplätzen zu Clintons Columbine und weiter. Mark Ames, Soft Skull, Brooklyn, NY/USA, 2005
164 Motiv möglicherweise Rache: Acht Tote bei Amoklauf in USA, in: www.n-tv.de/629730.html
165 www.fairness-stiftung.de
166 Ebd., Fact-sheet
167 J. Weidner, Frankfurt 2005
168 Ebd., S. 160
169 Ebd., S. 109
170 Siehe dazu z. B. Ernst & Young: Wirtschaftskriminalität in Deutschland, S. 13; BSI: Lage der IT-Sicherheit in Deutschland 2005, S. 11
171 Euler Hermes: Wirtschaft konkret Nr. 302/Gewappnet für den Ernstfall, S. 5
172 PricewaterhouseCoopers: Wirtschaftskriminalität 2005 – internationale und deutsche Ergebnisse
173 Gespräch mit der Autorin
174 Euler Hermes: Wirtschaft konkret Nr. 302/Gewappnet für den Ernstfall, S. 12
175 Ebd., S. 25

Literaturverzeichnis

1. Buchpublikationen

Adams, Scott: Das Dilbert-Prinzip. München 2003
Brinkmann, Ralf D./Stapf, Kurt H.: Innere Kündigung. München 2005
Fournies, Ferdinand F.: Warum Mitarbeiter nicht tun, was sie tun sollten. Düsseldorf/Berlin 2001
Frenzel, Ralph: Das erste Mal Chef. München 2000
Gallagher, Christine: Geh zum Teufel, Liebling. So rächen sich Frauen richtig. Berlin 2000
Gestmann, Michael: Sabotage am Arbeitsplatz. Landsberg/Lech 1998
Goldfuss, Jürgen W.: Endlich Chef – was nun? Frankfurt/Main 2000
Goldfuss, Jürgen W.: Trouble-Shooting für den ersten Führungsjob. Frankfurt/Main 2002
Goleman, Daniel: EQ – Emotionale Intelligenz. München/Wien 1996
Goleman, Daniel: EQ2 – Der Erfolgsquotient. München 2001
Goleman, Daniel, et al.: Emotionale Führung. Berlin 2004
Härter, Gitte/Öttl, Christine: Unschlagbar durch gutes Teamwork. Nürnberg 2003
Hirigoyen, Marie-France: Mobbing. München 2001
Hollands, Jean: Same game, different rules. New York 2002
Klein, Stefan: Die Glücksformel. Reinbek 2002
Koch, Axel/Kühn, Stefan: Ausgepowert? Offenbach 2001
Kratz, Hans-Jürgen: Erfolgreich als Chef. Berlin 2003
Krystek, Ulrich, et al.: Innere Kündigung. München/Mering 1995
Lürssen, Jürgen: Die heimlichen Spielregeln der Karriere. Frankfurt/New York 2002
Maier, Corinne: Die Entdeckung der Faulheit. München 2005
Maro, Fred: Mitarbeiter sind so verletzlich. Regensburg/Düsseldorf/Berlin 2000
Marr, Rainer/Fliaster, Alexander: Jenseits der Ich-AG. München/Mering 2003
Martin, Joyce: Erfolgreiches Personalmanagement nach dem Modell der vielfachen Intelligenzen. Nürnberg 2001
Münk, Katharina: Und morgen bringe ich ihn um! Frankfurt/Main 2006
Nötges, Heinz-Josef: Anleitung zum Misserfolg 2. Frankfurt/Main 1994
Pease, Allan und Barbara: Warum Männer nicht zuhören und Frauen schlecht einparken. München 2000
Peter, Adrian: Die Fleischmafia. Berlin 2006
Reuther, Heike: »Stärker als je zuvor ...« Wie das Leben ohne Partner weitergeht. Berlin 2006
Schönberger, Margit: Mein Chef ist ein Arschloch, Ihrer auch? München 2004
Siedenburg, Birte: Jeder nimmt sich, was er kann. Frankfurt/Main, New York 1999
Sprenger, Reinhard K.: Das Prinzip Selbstverantwortung. Frankfurt/Main 1999

Sprenger, Reinhard K.: Die Entscheidung liegt bei dir. Frankfurt/Main 2000
Sutton: Der Arschlochfaktor. München 2006
Topf, Cornelia/Gawrich, Rolf: Das Führungsbuch für freche Frauen. München 2002
Vorbeck, Markus: Ab heute bin ich Chef. Berlin 2004
Wehrle, Martin: Der Feind in meinem Büro. Berlin 2005
Weidner, Jens: Die Peperoni-Strategie. Frankfurt/Main 2005

2. Berichte in den Medien

Berg, Kerstin: Motiv Mobbing? Mit Messer gegen den Chef, in: *Berliner Morgenpost*, 18.11.1999
Boldebuck, Catrin: Gleicher Lohn für gleiche Arbeit, in: *Stern*, 2.11.2004
Bredow, R. v.: Macht der Niedertracht, in: *Der Spiegel*, 5/2006
Buchhorn, Eva/Werle, Klaus: Jeder für sich, alle gegen alle, in: *Manager Magazin*, 9/2004
Dirscherl, Hans-Christian: Rache ist süß. Siemens-Mitarbeiter manipulieren Wikipedia-Eintrag, in: www.sueddeutsche.de/computer/artikel/899/76823/print.html, 29.5.2006
Dobel, Sabine: Zum Abschied ein Virus, in: www.sueddeutsche.de/jobkarriere/erfolggeld/artikel/448/33415/4/print:html, 15.6.2004
Doward, Jamie/Hill, Amelia: Revenge, in: *The Observer*, 19.6.2005
Friedrichsen, Gisela: »Irgendwann bringt er mich um«, in: *Der Spiegel*, 42/2005
Gennermann, Sylvia: Wenn Führungskräfte zum Opfer werden, in: *Arbeit und Arbeitsrecht* Nr. 5/2004
Hawranek, Dietmar: Wolfsburger Malaise, in: *Der Spiegel*, 16/2006
Hillebrand, Walter/Zdral, Wolfgang: Die dunkle Seite der Macht, in: *Capital* 21/2006
Hoppe, Ralf: Schreib mal wieder, in: *Der Spiegel*, 47/2006
Hornig, Frank: Nacktes Chaos, in: *Der Spiegel*, 3/2006
Horrmann, Heinz: Eine unappetitliche Geschichte, in: *Die Welt*, 18.5.2001
Johnston, Joni: The Psychology of Workplace Revenge, in: www.workrelationships.com/site/articles/workplace_revenge.htm
Kast, Bas: Rache tut gut, in: *Der Tagesspiegel*, 1.9.2004
Kreye, Andrian: Profil: Bob Woodward, Buchautor, der die Regierung Bush in Bedrängnis bringt, in: *Süddeutsche Zeitung*, 5.10.2006
Lang, Michael: Geschwätzige Tagebücher, in: *Süddeutsche Zeitung*, 19.1.2006
Löwer, Chris: Die späte Rache der Gedemütigten, in: *Handelsblatt*, 4.7.2005
Meiler, Thomas: AEG will Werk schließen, *dpa*, 10.5.2006
Michel, Stefan, Kühne, Martina: Die Rache der Diener, in: *Alpha* (CH) 4./5.12.2004
Montier, James: Geld oder Glück? In: *Financial Times Deutschland*, 3.8.2005
Neubacher, Alexander: Amt macht krank, in: *Der Spiegel*, 17/2006
Nitschmann, Johannes: Strafverfahren wegen Erpressung, in: www.wdr.de/themen/wirtschaft/kriminalität/heros/060308.jhtml, 8.3.2006
Püschel, Klaus, Cordes, Olaf: Gewalt gegen Ärzte: Tödliche Bedrohung als Berufsrisiko, in: *Deutsches Ärzteblatt* 98, Ausgabe 4, 26.1.2001
Pursche, Peter, et al.: Zur Rache, Schätzchen, in: *Stern*, 14/2006
Reidel, Jon: Cubicle Sabotage, in: www.uvm.edu/theview/article.php?id=1746
Richardson, Ben: When office work turns ugly, in: *BBC News Online Business*, 12.8.2004

Rohwetter, Marcus: Alles unter Kontrolle, in: *Die Zeit*, 17. 11. 2005
Rühle, Alex: Ritter der Schwafelrunde, in: *Süddeutsche Zeitung*, 3. 2. 2006
Schaller, Katrin: Wenn das Arbeitsverhältnis im Streit endet, in: www.sueddeutsche.de/jobkarriere/erfolggeld/artikel/698/16682/print.html, 22. 8. 2003
Schmidbauer, Wolfgang: Blind vor Wut, in: *Geo Wissen*, 35/2005
Schwarz, Harald: Chefsessel sind Schleudersitze, in: *Süddeutsche Zeitung*, 23. 5. 2006
Schwertfeger, Bärbel: Abheben vor Glück, in: *Die Welt*, 5. 3. 2005
Seith, Anne: Siemens-Mitarbeiter revoltieren im Internet, in: www.spiegel.de/wirtschaft/0,1518,druck-439346,00.html
Welp, Cornelius/Sprothen, Vera: Heiße Nummer, in: *Handelsblatt*, 8. 5. 2006
Wohlwend, Sigvard: Sie wissen, wie der Laden läuft, in: *Handelszeitung* (CH), 18. 2. 2006

Bild, 15. 1. 2003: Lehrling zündet Autohaus an
Bild, 22. 3. 2005: Arbeiter zündet Haus von seinem Chef an
Bild, 15. 5. 2006: Rentner überrollt Vermieter mit Auto
Der Spiegel, 21/2006, S. 80: 640 Millionen Dollar Strafe?
dpa, 12. 9. 2002: Mann verwüstete Papierfabrik mit Gabelstaplern
dpa, 11. 10. 2002: Zwei Männer wegen Mordes zu lebenslanger Haft verurteilt
dpa, 23. 12. 2003: Junger Mann sprühte Frau aus Rache Reizgas ins Gesicht
dpa, 12. 12. 2005: Nach fristloser Kündigung Wagen vom Ex-Chef demoliert
Handelsblatt, 18. 4. 2006: Ex-Mitarbeiter beschuldigen Boeing des Pfuschs
www.mdr.de/hier-ab-vier/rat_und_tat/412.hml, 15. 3. 2001: Rache, Neid und andere Wallungen
www.Netzeitung.de/internet/375512.html, 2. 1. 2006: iPod-Schachtel enthält rohes Fleisch
www.n-tv.de/629730.html: Motiv möglicherweise Rache: Acht Tote bei Amoklauf in USA
www.nzz.ch/2005/04/20/ma/articleCPVYY, 20. 4. 2005: Selbstbedienung im Büro
http://rhein-zeitung.de/on/06/03/27/rlp/t/rzo232906.html?markup=rzo232906: Angeblich Mord an Chef geplant
Süddeutsche Zeitung, 22. 8. 2005: Forscher warnen vor Altersarmut
Süddeutsche Zeitung, 14. 9. 2005: Die deutsche Bildung: Nur ausreichend
Süddeutsche Zeitung, 12. 10. 2005: Bewährungsstrafe nach Giftanschlägen
Süddeutsche Zeitung, 10. 11. 2005: Parkplatz-Konkurrenten umgefahren
www.sueddeutsche.de/panorama/artikel/479/11468/print.html, 16. 5. 2003: Rache als Motiv
www.sueddeutsche.de/wirtschaft/artikel/970/48922/print.html, 7. 3. 2005: Die Skandalwelle bei Boeing nimmt kein Ende
www.sz-online.de/nachrichten/artikel.asp?1d=1137736: Heimtückisch
Tagesspiegel, 15. 09. 2004: Mit Panzermine und Pistole ins Sozialgericht
www.tagesspiegel.de/berlin/index.asp?gotos=http://archiv.tagesspiegel.de/: Vor Wut und aus Rache
http://www.wdr.de/themen/panorama/15/mitarbeiter_delikte/gaestebuch.jhtml?, 24. 2. 2006: Selbstbedienung am Arbeitsplatz
www.wdr.de/themen/computer/1/cyberstalking/index.jhtml

3. Studien, Pressemitteilungen, Vorträge

Bundesamt für Sicherheit in der Informationstechnik: IT-Grundschutzkatalog 2005, www.bsi.bund.de

Bundesamt für Sicherheit in der Informationstechnik: Die Lage der IT-Sicherheit in Deutschland 2005, www.bsi.bund.de

Bundeskriminalamt: Bundeslagebild Wirtschaftskriminalität 2004, www.bka.de

Carnegie Mellon Software Engineering Institute, United States Secret Service, National Threat Assessment Center (NTAC), CERT: Insider Threat Study: Computer System Sabotage in Critical Infrastructure Sectors. Pittsburgh, PA-USA, www.cert.org

Destatis: Wenige Frauen in Führungspositionen, Pressemitteilung vom 22. 3. 2005

Destatis: Konsumausgaben der privaten Haushalte im Inland nach Verwendungszwecken, Fachserie 18, Reihe 1.4, 2005

Ernst & Young: Wirtschaftskriminalität in Deutschland – Nur ein Problem der anderen? 2003, www.de.ey.com

Essinger, Peter: Formen organisationaler Ungerechtigkeit, legitime Widerspruchsmöglichkeiten, Sabotage sowie physisches und arbeitsbezogenes affektives Wohlbefinden. Wissenschaftliche Arbeit an der Johann Wolfgang Goethe-Universität Frankfurt/Main 2005, www.psychologische-praxisgemeinschaft.de

Euler Hermes Kreditversicherung: Wirtschaft Konkret Nr. 300/2003: Wirtschaftskriminalität – das diskrete Risiko, www.eulerhermes.com

Euler Hermes Kreditversicherung: Wirtschaft Konkret Nr. 302/2003: Gewappnet für den Ernstfall, www.eulerhermes.com

The Gallup Organization Deutschland: Engagement-Index 2005/Pressemitteilung, www.gallup.de

Jones, David A.: Getting Even for Interpersonal Mistreatment in the Workplace: Triggers of Revenge Motives and Behavior, in: Greenberg, Jerald (Hg.): Insidious Workplace Behaviour. Mahwah, New Jersey, USA, in Vorbereitung, www.bsad.uvm.edu/About+us/FacultyStaff/profile?id=319

Krissel, Monica: Sabotage am Arbeitsplatz – der Zusammenhang zwischen der Wahrnehmung von Ungerechtigkeit am Arbeitsplatz, Sabotageverhalten sowie körperlicher und arbeitsbezogener emotionaler Befindlichkeit. Wissenschaftliche Arbeit an der Johann Wolfgang Goethe-Universität Frankfurt/Main 2005, www.psychologische-praxisgemeinschaft.de

www.medica.de: Arbeitsplatz: Ungerechtigkeit verstopft die Herzkranzgefäße. Pressemeldung vom 12. 1. 2006

Neumann, Joel H.: Injustice, stress and bullying can be expensive!, Vortrag im Rahmen der Konferenz »Workplace Bullying 2000« am 28. Januar 2000 in Oakland, CA, USA, Manuskript in: www.worktrauma.org/research/research_index.htm

NGG: NGG und die europäischen Gewerkschaften im Bereich Lebensmittel fordern: Lebensmittel-Kontrollen EU-weit vereinheitlichen. Pressemeldung vom 2. 12. 2005

PricewaterhouseCoopers: Wirtschaftskriminalität 2005. Internationale und deutsche Ergebnisse. Frankfurt/Main, Halle 2005. www.pwc.com/de/ger/main.home

Proudfoot Consulting: The Proudfoot Report. Produktivitätsstudie 2005/06, www.proudfoot.de

http://wireless.samsung.de/press_meldung.asp?id=1187, 10. 8. 05: Samsung startet heute erste TV-Staffel der »Imagine«-Werbekampagne

Symantec: 10. Internet Security Threat Report, Sept. 2006, www.symantec.com

Universität Lüneburg, Sicherheitsforum Baden-Württemberg: Fall- und Schadensanalyse bezüglich Know-how-/Informationsverlusten in Baden-Württemberg ab 1995, Lüneburg 2004, www.sicherheitsforum-bw.de

Universität Zürich: www.iew.unizh.ch/home/fehr/science/Pressemitteilung_neuronale_Basis_von_Alt_Best.pdf: Wissenschaftler der Universität Zürich entdecken die neuronale Grundlage altruistischen Bestrafens, 26. 8. 2004

Zellars, Kelly L, et al.: Abusive Supervision and Subordinates' Organizational Citizenship Behaviour, in: Journal of Applied Psychology 2002, Vol. 87, Nr. 6, S. 1068–1076

Bye-bye Hamsterrad

Wie frau den typisch weiblichen Stressfallen entkommt und sich bei den Jungs den einen oder anderen Trick abschaut, das erklärt dieses Buch. Bissig, witzig und mit angenehm klarem Blick auf das, was im Leben wirklich zählt.

Susanne Reinker
Locker bleiben, Mädels!
Die besten Rezepte für stressfreies Arbeiten
168 Seiten
ISBN: 978-3-8214-7673-5
€ 16,80 / CHF 27,90

Erschienen bei
BW Bildung und Wissen
Verlag und Software GmbH

www.bwverlag.de

Susanne Reinker

Unkündbar!

Wie Sie sich für Ihren Chef unentbehrlich machen

ISBN 978-3-548-36990-7
www.ullstein-buchverlage.de

Wer es versteht, sich im Job unentbehrlich zu machen, kann gelassen in die Zukunft blicken und braucht keine Angst haben, seinen Arbeitsplatz zu verlieren. Susanne Reinker beschreibt elf Antikündigungsstrategien, die aus dem Mitarbeiter XY den Liebling von Chef und Kollegen machen – ohne dass er sich dafür verbiegen muss.
Informativ, praxisnah, unterhaltsam – die Pflichtlektüre für alle Arbeitnehmer!

»Jeder Jobanfänger, aber auch jene, die schon seit Jahren im Arbeitsleben stehen, sollten dieses Buch immer wieder lesen.« *dpa*

Eliza Brandt

Rache ist weiblich

Ein Handbuch für Frauen, die noch eine Rechnung offen haben
Deutsche Erstausgabe

ISBN 978-3-548-36869-6
www.ullstein-buchverlage.de

Unsensible Partner, falsche Freunde, mobbende Kollegen, der lästige Sitznachbar im Flugzeug – es gibt so viele Zeitgenossen, denen man ihre Untaten am liebsten heimzahlen würde. Aber darf man das, zumal als Frau? Und ob – nur zu! Eliza Brandt zeigt Ihnen, wie man mit weiblichem Esprit gezielte Racheakte ausübt: vom kleinen Streich bis zur großen Vergeltung. Denn wer Rache nicht scheut, fühlt sich besser und hat mehr Spaß am Leben als mancher Gutmensch. Ein witziger, politisch herrlich unkorrekter Lebensratgeber.

»Superwitzig – ein Must-Have in jedem Giftschrank.«
Joy